이것이 구속사 설교이다

이것이 구속사 설교이다

이것이 구속사 설교이다-창세기

Copyright ⓒ 머릿돌 2015

1쇄 발행 2015년 10월 30일

지은이 유도순
펴낸이 유효성
펴낸곳 머릿돌

등록번호 제17-240호
등록일자 1997년 5월 20일
주소 서울 동작구 노량진1동 205-7
TEL. (031) 607-7678 / Mobile. 010-9472-8327
http://edendongsan.onmam.com
E-mail yoodosun@hanmail.net

총판 기독교출판유통
경기도 고양시 일산동구 장항동 585-12
(031) 906-9191

디자인 참디자인(02-3216-1085)

ISBN 978-89-87600-74-1 03230

이것이 구속사 설교이다

유도순 지음

창
세
기

머릿돌

머리말

1. 설교 집을 펴내는 의도

본서는 성경 66권을 구속사라는 관점으로 강론하여 완간한 후에 두 번째로 펴내는 설교집이다. 이 구속사적 강론이 설교 현장에서는 어떻게 응용이 될 수 있는가? 다시 말하면 기존의 설교와는 내용면에서, 반응에서, 적용에서 어떻게 다른가? 이 혼란한 시대에 말씀을 맡은 설교자들에게 조금이나마 도움을 드리기 위한 것이 설교 집을 펴내게 된 동기이다.

성경을 구속사의 관점으로 보았다는 것은 주님께서, "너희가 성경에서 영생을 얻는 줄 생각하고 성경을 연구하거니와 이 성경이 곧 내게 대하여 증언하는 것이니라"(요 5:39) 하신 성경을 기록한 목적대로, 다시 말하면 예수 그리스도 중심으로 보았다는 뜻이다.

2. 도표를 곁들인 의도

성경 본문을 통해서 말씀하시려는 핵심적인 주제를 부각시키기 위해서다. 이 핵심주제를 이탈하지 않게 하기 위해서 도표를 곁들이게 된 것이다. 나무에 줄기와 큰 가지, 작은 가지가 있듯이 성경 말씀에도 줄기 말씀과 가지 말씀이 있다.

그런데 오늘의 설교는 본문을 통해서 말씀하시려는 중심주제에 설교의 초점이 맞춰져 있는 것이 아니라, 지엽적인 문장이나 한 단어에 근거하여 자기 계발, 또는 회중의 감성에 호소하는 심리화의 경향이 있기 때문이다. 그것은 하나님의 말씀을 대언(代言)하는 것이 아니라 자기주장을 하는 것이 된다.

이런 설교를 바울 사도는, "누가 철학과 헛된 속임수로 너희를 사로잡을까 주의하라 이것은 사람의 전통과 세상의 초등학문을 따름이요 그리스도를 따름이 아니니라"(골 2:8)고 잘라 말한다.

3. 설교 작성노트를 제시한 의도

첫째는 설교자에게 본문을 들어서 증언하고자 하는 "내용목적"이 무엇인가를 분명히 해두기 위해서요, 둘째는 설교를 통한 "적용목적"을 염두에 두기 위해서이다. 설교자는 많은 말씀을 열심히 전하였는데 설교 후에 성도들에게 물어보면 무슨 말씀을 들었는지 대답을 하지 못하는 경우가 허다한 것이 사실이다. 이는 설교의 초점이 중심주제에 맞춰져 있지 않았기 때문이다.

본서는 창세기만을 다루었다. 시간이 허락 되는 한 계속하고 싶다. 본인은 신학자가 아니라 목회자요, 80을 훨씬 넘긴 달려갈 길을 마치려는 지점에 다다른 늙은 종이다. 마지막 소원이 무엇이겠는가? "옮겨지기 전에 하나님을 기쁘시게 하는 자라 하는 증거"(히 11:5)를 얻는 것이리라. 부족한 본서를 통해서 하나님을 기쁘시게 하고, 젊고 신실한 동역자들에게 도움을 드리게 되기만을 바랄뿐이다.

우리교회 원로목사 유도순

목차

분석도표의 유익한 점

분석도표 작성법은 어빙젠센의 분석챠트 방법에 바탕을 두고 본인이 30년 가까이 목회현장에서 활용하면서 보완한 것이다. 분석도표의 유익한 점을 들면 아래와 같다.

1. 보다 예리한 관찰의 가치

성경을 관찰하는 자에게는 세 개의 눈이 있다고 말한다. 첫째가 "성령의 눈"이다. 성령님의 조명이 있어야만 "주의 말씀을 열면 빛이 비치어 우둔한 사람들을 깨닫게 하나이다"(시 119:130)가 가능한 것이다. 둘째는 "심령의 눈"이다. "내 눈을 열어서 주의 율법에서 놀라운 것을 보게 하소서"(시 119:18)하고 사모해야만 한다. 셋째는 "연필의 눈"이라고 확신을 가지고 말한다. 이 말은 성경을 눈으로만 보지 말고 본석도표를 작성해 보라는 말이다. 보이지 않던 것이 보이게 되리라. 자신도 놀라고 감탄해 할 것이다. 백문이 불여일견이다. 한 번 시도해 보라.

2. 한 눈에 전체를 볼 수 있는 가치

나무는 보고 숲은 보지 못한다는 말은 성경연구에서도 흔히 범하는 실수이다. 그러나 분석도표를 작성해 보라. 전체를 한 눈에 바라볼 수가 있다. 그러므로 결코 숲 속에서 길을 잃고 헤맬 염려가 없다. 원 줄기는 놓치고 지엽에 빠질 우려가 없다. 본문을 읽어놓고 엉뚱한 이야기를 하지 않게 해준다.

3. 각 부분을 통합하는 가치

분석도표를 작성하다 보면 보통 인쇄된 성경에서는 보이지 않던 공통점, 대조점, 비교, 점진 등이 한 눈에 들어온다.

이를 도표를 통해서 분석하고 배열해 놓으면 시각적인 효과가 있고 감탄할 만큼 통일성과 연결점을 보게 될 것이다.

4. 중심주제를 강조할 수 있는 가치

성경에는 줄기 말씀도 있고 가지 말씀도 있다.

분석도표를 작성할 때에 중심주제나 핵심적인 말씀 등을 둘레 씌우기, 네모로 묶기, 선으로 연결하기, 글씨체를 달리하기, 색칠하기 등 다양한 표시를 하면 성경의 강조점을 선명하게 부각시킬 수가 있다.

본 서에서는 그 장의 전체주제에는 겹선으로 된 네모로 묶어 강조점을 드러내고, 단원의 주제에는 홑 선으로 된 네모로 묶어서 표시하였다.

5. 기억과 연상에 도움을 주는 가치

대부분의 성도들은 지난 주일 설교제목도 기억하지 못한다.

분석도표를 작성하여 설교요약 대신 주보에 싣든가 복사해서 나누어 주고 말씀을 전하면 연상 효과는 놀랍게 나타난다. 도표를 보기만 해도 설교말씀이 떠오르게 되고 기억이 되살아나게 될 것이다. 구역예배나 소그룹모임 때 이를 가지고 나누게 해 보라. 좋은 제자훈련이 될 것이다.

6. 전달 훈련의 가치

자신은 알고 깨달았으나 이를 구역원들이나 다른 사람들에게 조리 있게 전달한다는 것은 쉬운 일이 아니다.

우선 자신이 없고 자칫하면 횡설수설 왔다갔다하기 쉽다. 이때 분석 도표가 그에게 있다면 안심하고 차근차근 전달할 수 있게 해주는 길잡이 역할을 해준다.

최우선적으로 실시해 보라고 강력히 추천하는 바이다.

창세기 1장 분석도표
주제 : 흑암 중에 빛이 있으라 하신 하나님

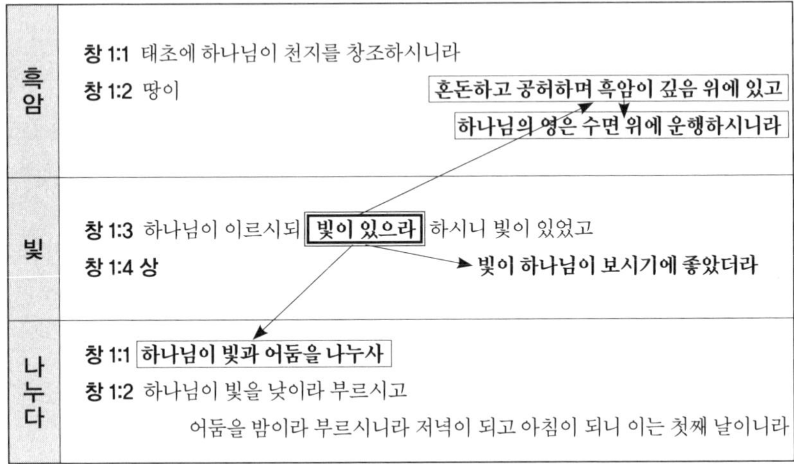

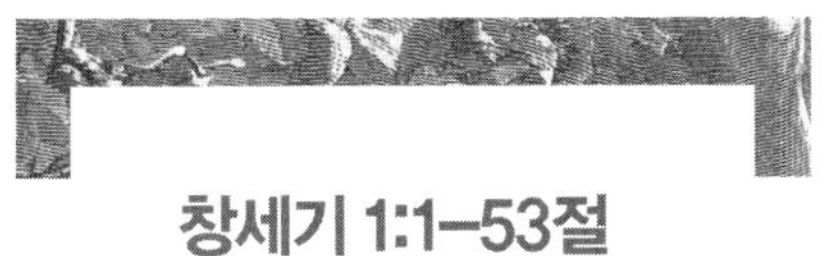

흑암 중에 빛이 있으라 하신 하나님

설교 작성노트

본문의 내용은 1차적으로는 창조의 기사임이 분명하다. 그런데 새 언약의 일꾼인 우리는 "율법 조문"(條文), 즉 문자만 볼 것이 아니라 "오직 영으로 함이니"(고후 3:6) 한 신령한 의미인 하나님의 원대한 구원계획을 볼 수 있어야만 한다. 왜냐하면 하나님의 구원계획은, "만세 전에 미리 정하신 것이라"(고전 2:7)고 말씀하기 때문이다. 그렇다면 첫 창조 사역에 구원계획이 투영이 되었다고 보는 것은 합당한 것이다.

그러므로 본 설교의 내용목적은 창조 기사에 함의 되어 있는 복음의 뿌리를 증언하여 첫째는 성경의 권위를 세우고, 둘째는 믿음의 뿌리를 견고하게 하려는데 있다. 적용목적은 흑암에서 빛으로 옮겨진 빛의 자녀들은, "너희는 세상의 빛이라" 하신 빛의 사명을 감당하면서 하나님을 더욱 사랑하고 경외하게 하려는데 있다.

우리에게 주어진 성경은, "태초에 하나님이 천지(天地)를 창조하시니라"(1)고 시작이 되어, "또 내가 새 하늘과 새 땅을 보니 처음 하늘과 처음 땅이 없어졌고 바다도 다시 있지 않더라"(계 21:1) 하는, "신천신지"(新天新地), 즉 재창조로 마치고 있는 구조로 되어 있습니다. 그런데 첫 창조의 기사는 창세기 1-2장뿐이고, 3장에서부터 계시록까지는 재창조에 관한 내용입니다.

그렇다고 하나님은 죄가 세상에 들어오자 부랴부랴 구원계획을 세우신 것이 아닙니다. "이 비밀은 만세와 만대로부터 감추어졌던 것인데 이제는 그의 성도들에게 나타났다"(골 1:26), 즉 창세전에 계획하신 것이라고 말씀합니다.

그렇다면 첫 창조 속에 재창조에 대한 계시가 반영이 되었다는 것은 너무나 당연한 것입니다. 이런 의미가, "하나님이 지으신 그 모든 것을 보시니 보시기에 심히 좋았더라"(31)는 묘사에 나타납니다. "보시기에 심히 좋았더라"는 말씀은 경치가 좋았다는 그런 뜻이 아니라 하나님의 의도대로 되었음을 나타내는 묘사인 것입니다.

이런 맥락에서, "태초에 하나님이 천지를 창조하시니라"는 선포 후에 바로 이어지는 첫 말씀이, "땅이 혼돈하고 공허하며 흑암이 깊음 위에 있고"(2상) 하는, "흑암"의 상태로 시작이 되어, 성경에 등장하는 하나님의 첫 말씀이, "빛이 있으라"(3) 하신 "빛"이라는 점을 주목해야만 합니다. 이 빛은 오늘날의 태양 빛이 아닙니다. 태양은 넷째 날(16)에야 창조하신 것이기 때문입니다.

그러면 이 빛은 무슨 빛이며, 다메섹 도상에서 바울에게 비취었던 "해보다 더 밝은 빛"(행 26:13)은 무슨 빛이란 말인가? 복음이 밝히 드러난 신약성경은, "어두운 데에 빛이 비치라 말씀하셨던(창 1:2-3) 그 하나님께서 예수 그리스도의 얼굴에 있는 하나님의 영광을 아는 빛을 우리 마음에 비추셨느니라"(고후 4:6)고, 이를 통해서 복음의 빛을 보고 있는 것입니다.

그렇다면 "땅이 혼돈하고 공허하며 흑암이 깊음 위에 있고"의 상태는 복음의 빛에 비췸을 받기 이전의 상태, 즉 불신자의 심령상태를 상징적으로 나타내고 있다 할 수가 있는 것입니다. 그렇습니다. 이사야 선지자는, "흑암에 행하던 백성이 큰 빛을 보고 사망의 그늘진 땅에 거주하던 자에게 빛이 비치도다"(사 9:2) 라고 예언하고 있습니다.

불신자의 심령상태는, "오직 악인은 능히 안정치 못하고 그 물이 진흙과 더러운 것을 늘 솟쳐내는 요동하는 바다와 같으니라"(사 57:20-21), 즉 "땅이 혼돈하고 공허하며 흑암이 깊음 위에 있는" 상태와 같다고 말씀합니다.

하나님께서는, "땅이 혼돈하고 공허하며 흑암이 깊음 위에 있을"때에 "빛이 있으라 하시니 빛이 있었고 빛이 하나님 보시기에 좋았더라"합니다. 그런데 또 우리로 놀라게 하는 점은, "하나님이 빛과 어둠을 나누사" 한 말씀입니다. 이상하지 않은가? 2절의, "땅이 혼돈하고 공허하며 흑암이 깊음 위에 있고"의 상태는 어둠만 있고 빛은 없는 상태입니다. 그런 중에 "빛이 있으라 하시니 빛이 있었고 빛이 하나님이 보시기에 좋았더라"(3-4) 했으면, 빛만 있어야지 어찌하여 "빛과 어둠을 나누셨다"고 말씀하는가 하는 점입니다.

복음을 전한다는 것은, "흑암에 행하던 백성"들을 향해서, "빛이 있으라"고 외치는 것과 같은 것입니다. 그러면 모두 다 빛의 비췸을 받는가? 다시 말하면 빛 되시는 그리스도를 모두 다 영접을 하는가? 아닙니다. 영접하는 자와 배척하는 자, 즉 "빛과 어둠"으로 나눠지게 되는 것입니다. 이점을 성경은, "너희는 다 빛의 아들이요 낮의 아들이라 우리가 밤이나 어둠에 속하지 아니하나니"(살전 5:5)라고 말씀합니다. 이제 요한복음의 서두와 창세기의 서두를 대조해 보도록 하겠습니다.

요한복음 1:1–12절 분석도표

창조자	**1-4**
	1:1 태초에 말씀이 계시니라 이 말씀이 하나님과 함께 계셨으니 이 말씀은 곧 하나님이시니라
	1:2 그가 태초에 하나님과 함께 계셨고
	1:3 만물이 그로 말미암아 지은 바 되었으니 지은 것이 하나도 그가 없이는 된 것이 없느니라
	1:4 그 안에 생명이 있었으니 이 생명은 사람들의 빛이라
어둠과 빛	**5**
	1:5 빛이 어둠에 비치되 어둠이 깨닫지 못하더라
증인	**6-8**
	1:6 하나님께로부터 보내심을 받은 사람이 있으니 그의 이름은 요한이라
	1:7 그가 증언하러 왔으니 곧 빛에 대하여 증언하고 모든 사람이 자기로 말미암아 믿게 하려 함이라
	1:8 그는 이 빛이 아니요 이 빛에 대하여 증언하러 온 자라
빛과 어둠 나눔	**9-12**
	1:9 참 빛 곧 세상에 와서 각 사람에게 비추는 빛이 있었나니
	1:10 그가 세상에 계셨으며 세상은 그로 말미암아 지은 바 되었으되 세상이 그를 알지 못하였고
	1:11 자기 땅에 오매 자기 백성이 영접하지 아니하였으나
	1:12 영접하는 자 곧 그 이름을 믿는 자들에게는 하나님의 자녀가 되는 권세를 주셨으니

요한복음 1장	창세기 1장
1. 태초에 말씀이 계시니라	3. 하나님이 이르시되 (가라사대)
3. 만물이 그로 말미암아 지은 바 되었으니	1. 태초에 하나님이 천지를 창조하시니라
5. 빛이 어둠에 비치되	2. 흑암이 깊음 위에 있고
3. 참 빛 곧 세상에 와서 각 사람에게 비추는 빛이 있었나니	3. 빛이 있으라 하시니 빛이 있었고
11. 영접하지 아니하였으나 12. 영접하는 자	4. 빛과 어둠을 나누사

이처럼 요한복음의 서두와 창세기의 서두가 절묘하게 대칭(對稱)을 이루고 있다는 점을 주목해 보셨습니까?

그런데 또 주목해야 할 점이 있는데, "하나님의 영은 수면 위에 운행하시니라"(창 1:2) 한 말씀입니다. 어찌하여 "하나님의 영"이 수면(水面) 위에 운행하셔야만 했는가? "땅이 혼돈하고 공허하며 흑암이 깊음 위에 있는" 상태였기 때문입니다. 예를 들어 노아홍수 당시, "온 지면에 물이 있으므로 비둘기가 발붙일 곳을 찾지 못하고 방주로 돌아와 그에게로 오는지라"(창 8:9), 즉 하나님의 영이 임하실 곳이 없기 때문으로 보아야 할 것입니다.

어떤 사람이 예수님께, "어디로 가시든지 나는 따르리이다"고 말하자 주님은, "여우도 굴이 있고 공중의 새도 집이 있으되 인자는 머리 둘 곳이 없도다"(눅 9:57-58) 하셨습니다. 자기 땅에 오신 주님은 실로 발붙일 곳 하나가 없는 "수면위에 운행"하시는 처지였던 것입니다.

그러면 이제도 하나님의 영이 수면에 운행하고 계시는가? 아닙니다. 주님은, "오직 성령이 너희에게 임하시면, 내 증인이 되리라"(행 1:8), 즉

"빛이 있으라"고 증언하라 하십니다.

보십시오. 박해자였던 사울에게, "홀연히 하늘로부터 빛이 그를 둘러 비추는지라, 성령으로 충만하게 하신다"(행 9:3, 17), 즉 빛에 비췸을 받고, 성령이 충만하게 임하시자 빛을 증언하는 복음 전도자 사도 바울이 된 것입니다.

바울은 증언합니다. "내가 너를 구원하여 그들에게 보내어 그 눈을 뜨게 하여 어둠에서 빛으로, 사탄의 권세에서 하나님께로 돌아오게 하고 죄 사함과 나를 믿어 거룩하게 된 무리 가운데서 기업을 얻게 하리라 하더이다, 그러므로 하늘에서 보이신 것을 내가 거스르지 아니하고 먼저 다메섹과 예루살렘에 있는 사람과 유대 온 땅과 이방인에게까지 회개하고 하나님께로 돌아와서 회개에 합당한 일을 하라 전하므로 유대인들이 성전에서 나를 잡아 죽이고자 하였으나"(행 26:17-21), 그렇습니다.

하나님께서는 "땅이 혼돈하고 공허하며 흑암이 깊음 위에 있는" 곳에 "빛"으로 충만하게 하시려고 "빛이 있으라" 하시는데, "이 세상의 신(사탄)이 믿지 아니하는 자들의 마음을 혼미하게 하여 그리스도의 영광의 복음의 광채가 비치지 못하게"(고후 4:4) 대적함으로 "빛과 어둠"으로 갈라지게 되는 것입니다.

오늘날도 "흑암에 행하는 백성, 사망의 그늘진 땅에 거주하는 자"는 많이 있습니다. 그러면 묻습니다. 이들을 향해서, "하나님이 이르시되 빛이 있으라 하시니 빛이 있었고"(창 1:3) 한, 하나님의 말씀은 이제 누가 대언을 해야 하겠습니까? "하나님께로부터 보내심을 받은 사람이 있으니 그의 이름은 요한이라 그가 증언하러 왔으니 곧 빛에 대하여 증언하고 모든 사람이 자기로 말미암아 믿게 하려 함이라"(요 1:6-7) 한, 빛의 증언자로 보냄을 받은 형제인 것입니다.

형제에게는 성령이 임하고, 빛을 증언하여 모든 사람으로 하여금 "믿게 하려 함이라" 한 사명이 주어진 것입니다. 이제 입을 벌려 흑암을 향해, "빛이 있으라"고 담대히 외치시기를 바랍니다. 그렇게 하노라면 "빛이 있었고 빛이 하나님이 보시기에 좋았더라"가 될 것입니다. 이것이 "흑암 중에 빛이 있으라 하신 하나님"입니다.

온 세상이 캄캄하여서 참 빛이 없었더니
그 빛나는 영광 나타나 온 세상 비치었네
영광 영광의 주 영광 영광의 주
밝은 그 빛 내게 비추었네
영광 영광의 주 영광 영광의 주
이 세상의 빛은 오직 주 예수라

<h1 style="text-align:center">창세기 1장 분석도표</h1>
주제 : 만물을 충만하게 하시는 하나님

<table>
<tr><td>첫째 날</td><td>

2-5

2 땅이 혼돈하고 공허하며 흑암이 깊음 위에 있고 하나님의 영은 수면 위에 운행하시니라
3 하나님이 이르시되 빛이 있으라 하시니 빛이 있었고
4 빛이 하나님이 보시기에 좋았더라 하나님이 빛과 어둠을 나누사

</td><td>넷째 날</td><td>

14-19

16 하나님이 두 큰 광명체를 만드사 큰 광명체로 낮을 주관하게 하시고 작은 광명체로 밤을 주관하게 하시며 또 별들을 만드시고
17 하나님이 그것들을 하늘의 궁창에 두어 땅을 비추게 하시며
18 낮과 밤을 주관하게 하시고 빛과 어둠을 나뉘게 하시니 하나님이 보시기에 좋았더라

</td></tr>
<tr><td>둘째 날</td><td>

6-8

6 하나님이 이르시되 물 가운데에 궁창이 있어 물과 물로 나뉘라 하시고
7 하나님이 궁창을 만드사 궁창 아래의 물과 궁창 위의 물로 나뉘게 하시니 그대로 되니라
8 하나님이 궁창을 하늘이라 부르시니라 저녁이 되고 아침이 되니 이는 둘째 날이니라

</td><td>다섯째 날</td><td>

20-23

20 하나님이 이르시되 물들은 생물을 번성하게 하라 땅 위 하늘의 궁창에는 새가 날으라 하시고
21 하나님이 큰 바다 짐승들과 물에서 번성하여 움직이는 모든 생물을 그 종류대로, 날개 있는 모든 새를 그 종류대로 창조하시니 하나님이 보시기에 좋았더라
22 하나님이 그들에게 복을 주시며 이르시되 생육하고 번성하여 여러 바닷물에 충만하라 새들도 땅에 번성하라 하시니라

</td></tr>
<tr><td>셋째 날</td><td>

9-13

9 하나님이 이르시되 천하의 물이 한 곳으로 모이고 뭍이 드러나라 하시니 그대로 되니라
10 하나님이 뭍을 땅이라 부르시고 모인 물을 바다라 부르시니 하나님이 보시기에 좋았더라
11 하나님이 이르시되 땅은 풀과 씨 맺는 채소와 각기 종류대로 씨 가진 열매 맺는 나무를 내라 하시니 그대로 되어
12 땅이 풀과 각기 종류대로 씨 맺는 채소와 각기 종류대로 씨 가진 열매 맺는 나무를 내니 하나님이 보시기에 좋았더라

</td><td>여섯째 날</td><td>

24-31

24 하나님이 이르시되 땅은 생물을 그 종류대로 내되 가축과 기는 것과 땅의 짐승을 종류대로 내라 하시니 그대로 되니라
25 하나님이 땅의 짐승을 그 종류대로, 가축을 그 종류대로, 땅에 기는 모든 것을 그 종류대로 만드시니 하나님이 보시기에 좋았더라
26 하나님이 이르시되 우리의 형상을 따라 우리의 모양대로 우리가 사람을 만들고 그들로 바다의 물고기와 하늘의 새와 가축과 온 땅과 땅에 기는 모든 것을 다스리게 하자 하시고

</td></tr>
</table>

만물을 충만하게 하시는 하나님

설교 작성노트

창세기 1장은 엿새 동안에 천지와 만물을 창조하신 기사다. 이점에서 우리가 인식해야 할 점은 첫 창조와, 재창조는 동일한 하나님의 사역이라는 점이다. 이점이 왜 중요하냐 하면 첫 창조에 나타난 하나님의 의도를 통해서 재창조를 행하시는 하나님의 뜻을 깨달을 수가 있기 때문이다. 하나님의 의도는 한마디로, "그들에게 복을 주시며 이르시되 생육하고 번성하여 여러 바닷물에 충만하라 새들도 땅에 번성하라"(22) 하신 "번성과 충만"이다. 이 "충만"을 증언하고자 하는 것이 내용목적이다.

만물을 창조하신 하나님은 맨 마지막으로 하나님의 형상대로 사람을 지으시고 , "생육하고 번성하여 땅에 충만하라, 모든 생물을 다스리라"(28) 하셨는데, 이러한 하나님의 의도를 깨달아, "교회는 그의 몸이니 만물 안에서 만물을 충만하게 하시는 이의 충만함이니라"(엡 1:23)는, "충만한 삶"을 살게 하려는 것이 적용목적이라 하겠다.

창세기 곧 성경은, "태초에 하나님이 천지를 창조하시니라"(1)고 시작이 됩니다. 이는 선포적이요 설명적이 아닙니다. 누구도 거역할 수 없게 하는 권위와 엄중함이 있습니다. 그러므로 창세기 1장을 대할 때에 인간의 호기심이나 과학적인 궁금증을 풀어 보려는 태도로 접근하는 것은 바른 태도가 아닙니다.

왜냐하면 성경은 창조의 비밀을 밝혀주려는 과학적(科學的)인 책이 아니라, 나 같은 죄인을 구원하시려는 구원(救援)계시이기 때문입니다. 그러므로 창세기 1장에서 추구해야 할 점은 첫 창조에 나타난 하나님의 의도를 통해서, 재창조를 이루어 나가시는 하나님의 뜻을 깨닫는 것이 중요한 것입니다.

1장에 나타난 창조 기사를 관찰해 보면 도표에 표시된 대로 첫째, 둘째, 셋째 날 동안은 틀, 즉 그릇을 마련하신 것과 같고 넷째, 다섯째, 여섯째 날 동안에는 그 틀에다가 채우시는 구조로 되어 있습니다. 그러니까 첫째 날에 마련하신 틀에는 넷째 날에 채우시고, 둘째 날의 틀에는 다섯째 날에 채우시고, 셋째 날의 틀에는 여섯 째 날에 채우시는 구조로 되어 있습니다.

예를 들어 첫째 날에 빛과 어둠을 나누셨는데, 넷째 날에는 해로 낮을 주관하게 하시고 달로 밤을 주관하게 하십니다. 둘째 날에 하늘과 바다(6-8)라는 틀을 창조하셨는데, 다섯째 날에는 하늘에는 새가 날으라 하시고, 바다에는 물고기가 충만하라(20-23)고 채우시는 것을 보게 됩니다.

하나님은 채우시되, "그들에게 복을 주시며 이르시되 생육하고 번성하여 여러 바닷물에 충만하라 새들도 땅에 번성하라"(22), 즉 "번성하고 충만"하기를 원하시는 것이 하나님의 의도라는 점입니다.

이처럼 천지와 만물을 창조하신 후에, "하나님이 이르시되 우리의 형상을 따라 우리의 모양대로 우리가 사람을 만들고 그들로 바다의 물고기와 하늘의 새와 가축과 온 땅과 땅에 기는 모든 것을 다스리게 하자"(26), 즉 하나님을 대리하여 만물을 다스릴 사람을 하나님의 형상을 따라 지으셨다 합니다.

이점을 2장에서는 좀 더 구체적으로 진술하고 있는데, "여호와 하나님이 땅의 흙으로 사람을 지으시고", 즉 그릇을 마련하신 후에 "생기를 그 코에 불어넣으시니 사람이 생령이 되니라"(2:7)고 채우시고, "여호와 하나님이 동방의 에덴에 동산을 창설하시고", 즉 그릇을 마련하시고, "그 지으신 사람을 거기 두시니라"(2:8), 즉 사람으로 채우셨다고 말씀합니다.

그런 후에 "하나님이 그들에게 복을 주시며, 생육하고 번성하여 땅에 충만하라, 땅을 정복하라, 바다의 물고기와 하늘의 새와 땅에 움직이는 모든 생물을 다스리라"(28) 하십니다. 그리고 창세기 1장은, "하나님이 지으신 그 모든 것을 보시니 보시기에 심히 좋았더라"(31)고 마치고 있는데 이는 첫 창조가 하나님의 의도하신 대로 되었다는 점을 나타냅니다. 이것이 첫 창조에 나타난 하나님의 의도입니다.

그러면 첫 창조의 의도를 통해서 재창조에 나타난 하나님의 뜻을 생각해 보도록 하겠습니다.

㉠ 첫째는, "흙으로 사람을 지으시고 생기를 그 코에 불어넣으시니 사람이 생령이 되니라"한 점인데 이점을 신약성경은, "누구든지 그리스도의 영이 없으면 그리스도의 사람이 아니라"(롬 8:9)고 말씀하면서, "우리가 이 보배를 질그릇에 가졌으니 이는 심히 큰 능력은 하나님께 있고 우리에게 있지 아니함을 알게 하려 함이라"(고후 4:7), 즉 "질그릇"과 같은 우리 몸에 성령으로, 말씀으로, 은혜로 채우셨다고 말씀합니다. 채우시되, "너희도 그 안에서 충만하여졌으니"(골 2:10), "충만"하게 채우셨다고 말씀합니다. 이것이 그리스도인들인 것입니다.

㉡ 둘째는, "생육하고 번성하여 땅에 충만하라, 땅을 정복하라, 바다의 물고기와 하늘의 새와 땅에 움직이는 모든 생물을 다스리라"(28) 하신 명령입니다. 그러나 인류의 시조가 죄를 범함으로, "생육하고 번성하여 땅에 충만하되", 죄악의 씨가 번성하여 죄악으로 충만하게 하였고, "모든 생물을 다스리라" 하셨는데 도리어 "죽기를 무서워하므로 한평생 매여 종노릇 하는"(히 2:15) 자가 되고 말았던 것입니다.

그래서 "내가 창조한 사람을 지면에서 쓸어버리리라"(창 6:7)하신 홍수심판이 있게 된 것입니다.

홍수심판 후에도 하나님께서는 또다시, "노아와 그 아들들에게 복을 주시며 그들에게 이르시되 생육하고 번성하여 땅에 충만하라"(9:1) 하십니다. 그러나 노아의 후예들은 바벨탑을 쌓는 것으로 반역을 한 것입니다.

그러나 하나님은 구원계획을 포기하신 것이 아니라 아브라함을 택하셔서, "그를 이끌고 밖으로 나가 이르시되 하늘을 우러러 뭇별을 셀 수 있나 보라 또 그에게 이르시되 네 자손이 이와 같으리라"(15:5)고, 언약을 세워주십니다. 이는 아브라함의 자손으로 그리스도를 보내서서 "생육하고 번성하게" 하실 메시아언약이었던 것입니다.

그리고 선지자를 통하여, "우상을 친 돌은 태산을 이루어 온 세계에 가득하였나이다"(단 2:35)고 예시하셨는데 이 언약과 예언이, "내가 진실로 진실로 너희에게 이르노니 한 알의 밀이 땅에 떨어져 죽지 아니하면 한 알 그대로 있고 죽으면 많은 열매를 맺느니라"(요 12:24), 즉 하나님의 독생자를 밀알 하나로 보내서서 대속제물이 되게 하심으로 "생육하고 번성"하여 충만하게 하는 일을 성취하여주셨던 것입니다. 이것이 첫 창조에 나타난 재창조의 의도입니다.

그러면 "그리스도 안에 있으면 새로운 피조물이라"(고후 5:17) 하신 그리스도인들의 사회적인 책임이 무엇인가? 신약성경은, "교회는 그의 몸이니 만물 안에서 만물을 충만하게 하시는 이의 충만함이니라"(엡 1:23)고, "충만"이라고 말씀합니다.

첫째로 "충만"은 머리되시는 그리스도만 충만한 것이 아니라 몸 된 교회도 충만하다는 말씀이요, 둘째는 "만물 안에서 만물을 충만하게 하신다", 즉 몸 된 교회를 "만물 안에" 있게 하신 목적은 교회를 통해서 만물을 충만케 하기 위해서라는 뜻입니다.

이런 예표를 요셉을 통해서 보게 되는데 요셉은 평안할 때뿐만이 아니라 종으로 팔린 보디발의 집에서도, "그의 주인이 여호와께서 그와 함께 하심을 보며 또 여호와께서 그의 범사에 형통하게 하심을 보았더라"(창 39:3) 말씀하고, 심지어 누명을 쓰고 옥에 갇혔을 때에도, "여호와께서 요셉과 함께 하심이라 여호와께서 그를 범사에 형통하게 하셨더라"

(창 39:23)고 자신이 처한 상황마다 충만케 하였던 것입니다.

하나님께서는 하늘에도 충만하고, 땅에도, 바다에도, 형제의 심령과 가정에도 충만하기를 원하십니다. 성도들의 삶이 "오직 성령으로 충만함을 받으라 시와 찬송과 신령한 노래들로 서로 화답하며 너희의 마음으로 주께 노래하며 찬송하며(엡 5:19), 열두 가지 열매를 맺되 달마다 그 열매를 맺듯"(계 22:2) 충만하기를 원하시는 것이 하나님의 의도라는 점입니다.

그렇다고 만물을 충만하게 하는 일은 크고 어려운 일만이 아닙니다. 우리는 매일 매일 빈 그릇과 같은 "하루"를 맞이하게 됩니다. 이를 무엇으로 채우시렵니까? "항상 기뻐하라 쉬지 말고 기도하라 범사에 감사하라 이것이 그리스도 예수 안에서 너희를 향하신 하나님의 뜻이니라"(살전 5:16-18) 하십니다.

"은과 금은 내게 없거니와 내게 있는 이것을 네게 주노니" 한 베드로처럼 예수 그리스도의 이름으로 축복해줌으로 오늘도 만나는 사람마다, 이웃을, 직장을, 사회를 충만하게 하시는 형제가 되시기를 축복합니다. 이것이 "만물을 충만하게 하시는 하나님"입니다.

> 샤론의 꽃 예수 나의 마음에
> 거룩하고 아름답게 피소서
> 내 생명이 참 사랑의 향기로
> 간데 마다 풍겨나게 하소서

Gustave Dore <The Creation of Light>

<h1 style="text-align:center">창세기 1:27-2:3절 분석도표</h1>
주제 : 일곱째 날을 복되게 하신 하나님

1:27-31

27 하나님이 자기 형상 곧 **하나님의 형상대로 사람을 창조하시되** 남자와 여자를 창조하시고

28 하나님이 **그들에게 복을 주시며** 하나님이 그들에게 이르시되 생육하고 번성하여
　 땅에 충만하라, 땅을 정복하라, 바다의 물고기와 하늘의 새와 땅에 움직이는
　 모든 생물을 다스리라 하시니라

29 하나님이 이르시되 내가 온 지면의 씨 맺는 모든 채소와 씨 가진 열매 맺는 모든 나무를
　 너희에게 주노니 너희의 먹을 거리가 되리라

30 또 땅의 모든 짐승과 하늘의 모든 새와 생명이 있어 땅에 기는 모든 것에게는
　 내가 모든 푸른 풀을 먹을 거리로 주노라 하시니 그대로 되니라

31 하나님이 지으신 그 모든 것을 보시니 **보시기에 심히 좋았더라**
　 저녁이 되고 아침이 되니 **이는 여섯째 날이니라**

2:1-3

1 천지와 만물이 다 이루어지니라

2 하나님이 그가 하시던 일을
　 그가 하시던 모든 일을 그치고 **일곱째 날에 마치시니**
　 일곱째 날에 안식하시니라

3 하나님이 **그 일곱째 날을 복되게 하사** 거룩하게 하셨으니

　 이는 하나님이 그 창조하시며 만드시던 모든 일을 마치시고 **그 날에 안식하셨음이니라**

일곱째 날을 복되게 하신 하나님

설교 작성노트

하나님의 첫 창조 사역은, "일곱째 날에 마치시니", 그래서 "일곱째 날에 안식하시니라, 그 일곱째 날을 복되게 하셨다"고 말씀한다. 그리고 시내산에서 베푸신 10계명 중 넷째 계명에서는, "안식일을 기억하여 거룩하게 지키라"(출 20:8)고 명하신다. 그러면 "안식일을 거룩하게 지키라" 하시는 하나님의 의도, 즉 구속사적 의미가 무엇인가? 이를 증언하려는 것이 내용목적이다.

오늘날도 "안식일"에 대한 신학적인 해석은 중요한 문제로, "제칠 안식일 예수 재림교회"라는 교파가 일어나게 하였고, 얼마 전에는 중요 일간지에 "안식일을 지키지 않는 교회", 즉 기성교회는 구원이 없는 마귀당이라는 광고가 대대적으로 게재되기까지 했다.

그러므로 "안식일"에 대한 신학적인 의미를 깨달아, "율법 조문(條文)으로 하지 아니하고 오직 영으로"(고후 3:6), 즉 바른 진리의 지식을 갖게 함으로 성숙한 그리스도인의 삶을 살아가게 하려는 것이 적용목적이라 하겠다.

강론

본 설교의 중심 주제는, "안식일"에 관한 것입니다. 질문 형식으로 해답을 구해보고자 합니다. ㉠ 첫째 질문은, 오늘의 주일(主日)이 "안식일"인가 아닌가 하는 점입니다. 오늘의 "주일"은 "주의 날"(계 1:10)이지 10계명의 안식일이 아닙니다.

그래서 어떤 자들은, "만일 너희가 나를 순종하지 아니하고 안식일을 거룩되게 아니하여 안식일에 짐을 지고 예루살렘 문으로 들어오면 내가 성문에 불을 놓아 예루살렘 궁전을 삼키게 하리니 그 불이 꺼지지 아니하리라 하셨다 할지니라"(렘 17:27)는 말씀 등에 근거하여 오늘의 교회는 "마귀당"이요, 구원이 없다고 비난을 합니다.

그들은 안식일에 대한 구속사적인 신령한 의미는 모르고 문자만을 보기 때문에 마치 유대인들이 "할례를 받아야 구원을 얻는다"고 주장하듯 곡해하고 있는 것입니다.

㉡ 두 번째 질문은, "하나님이 그 일곱째 날을 복되게 하사 거룩하게 하셨다"(3)는 본문 말씀이 계명(誡命)으로 주어진 것인가? 아닌가 하는 점입니다. 이점에서 통찰력이 필요한데 사람은 여섯째 마지막 날에 지음을 받았다는 점입니다.

그리고 하나님은, "일곱째 날에 안식하시니라, 하나님이 그 일곱째 날을 복되게 하셨다"(2-3)고 말씀하는 문맥이라면, 사람은 무슨 일을 하기 이전(以前)에 하나님께서 이루어 놓으신 "안식(安息)의 복"(福)부터 누린 것이 됩니다. 그러므로 "그 일곱째 날을 복되게 하사" 한 것은 "복"으로 주신 것이지 계명(誡命)으로 주어진 것이 아니라는 점입니다.

그런데 인류의 시조가 "네가 먹는 날에는 반드시 죽으리라"(2:17) 하신 계명을 범함으로 "안식의 복"을 상실하고 사탄의 노예가 되었던 것입니다.

이점에서 주님께서 안식일에 베데스다 못가에 누어있던 38년 된 병자에게, "일어나 네 자리를 들고 걸어가라" 하시자 유대인들은 안식일을 범한다고 비난을 했습니다. 그러자 주님은, "내 아버지께서 이제까지 일하시니 나도 일한다"(요 5:17)고 응수하신 말씀을 상기할 필요가 있습니다.

ⓒ그러면 세 번째 질문은, 하나님은 무슨 일을 언제부터 시작하셨는가 하는 점입니다. "한 사람으로 말미암아 죄가 세상에 들어오고 죄로 말미암아 사망이 들어옴으로", 하나님의 안식도 깨지고, "내가 너로 여자와 원수가 되게 하고 네 후손도 여자의 후손과 원수가 되게 하리니 여자의 후손은 네 머리를 상하게 할 것이요"(창 3:15), 즉 "내가---하리니" 하고 재창조의 일을 시작하신 것입니다.

ⓓ 네 번째 질문은 그러면 "안식일"이 언제 어떤 배경에서 계명으로 주어졌는가 하는 점입니다. 출애굽 당시 시내산에서 주어진 것입니다. 그러면 율법을 주신 목적이 무엇인가? 첫째는, 하나님의 백성답게 살아가게 하기 위해서요, 궁극적으로는, "율법이 우리를 그리스도께로 인도

하는 초등교사"가 되어, 율법을 행함으로가 아닌 "믿음으로 말미암아 의롭다 함을 얻게 하려 함이라"(갈 3:24)고 말씀합니다.

그래서 주님은, "안식일이 사람을 위하여 있는 것이요 사람이 안식일을 위하여 있는 것이 아니라", 즉 "안식일을 지키라" 하신 하나님의 의도는 "우리를 위하여", 즉 우리에게 안식을 회복시켜 주기 위해서라고 말씀하십니다.

그렇다면 "안식일"을 지킴으로 구원을 얻는다는 말인가? 아닙니다. 하나님께서 "안식일을 지키라" 하심도, "인자는 안식일에도 주인이니라"(막 2:27-28) 하신 그리스도에게로 인도하기 위해서 주어진 것이라는 점에 확고해야만 합니다. "죄가 세상에 들어오지 않았다" 해도 십계명과, "안식일을 지키라"는 계명이 주어졌겠는가를 생각해보시기를 바랍니다.

그러므로 모세는 안식일 준수에 대해 해설해주기를, "너는 기억하라 네가 애굽 땅에서 종이 되었더니 네 하나님 여호와가 강한 손과 편 팔로 거기서 너를 인도하여 내었나니 그러므로 네 하나님 여호와가 네게 명령하여 안식일을 지키라 하느니라"(신5:15)고 안식일 준수를, 바로의 노예로부터 해방시켜주신 출애굽과 결부를 시키고 있는 것을 보게 됩니다.

그렇습니다. "안식일을 지키라" 하신 하나님의 의도가 무엇인가? 죄로 말미암아 "안식의 복"을 상실하고, "죽기를 무서워하므로 한평생 매여 종노릇 하게 된 모든 자들을 놓아 주사"(히2:15), 참 안식을 주실 "안식일의 주인"을 대망(待望)케 하시려고 안식일을 준수하라 명하셨던 것입니다.

하나님께서 아브라함에게 세워주신 "메시아 언약"을 잊지 않게 하시려고, "할례를 행하라, 유월절을 지키라, 상번제를 드리라" 하심과 같이 "안식일을 지키라" 명하신 것이 하나님의 의도인 것입니다. 구원은 "안식일"이 주는 것이 아니라 오직 안식일의 주인되시는 예수 그리스도뿐인 것입니다.

혹자는 하나님은 안식일 준수의 이유로, "이는 엿새 동안에 나 여호와가 하늘과 땅과 바다와 그 가운데 모든 것을 만들고 일곱째 날에 쉬었음이라"(출 20:11)고 말씀하시지 않았느냐고 반론을 제기할 것입니다만, 그러면 그에게, "하나님은 지금 안식하고 계신단 말이냐"고 반문할 것입니다.

이는 "안식"(安息)이 언제 어떻게 주워졌는가 하는 기원(起源)을 상기시키는 말씀으로, 바로 그 원초적(原初的)인 안식이 깨졌기 때문에 이를 회복시켜주시려는 것이 하나님의 구원계획인 것입니다. 주님은, "수고하고 무거운 짐 진 자들아 다 내게로 오라 내가 너희를 쉬게 하리라"(마 11:28) 하십니다.

민수기 15:32절에 보면 안식일에 어떤 사람이 나무하는 것을 발견하고는 하나님께 묻는 장면이 나옵니다. 하나님은, "그 사람을 반드시 죽일지니" 하십니다. 이를 구속사라는 맥락으로 보면 어떤 의미가 되는가? 그 사람은 "안식일"을 범했기 때문에 죽은 것이 아니라, "안식일의 주인"되시는 메시아언약을 불신했기 때문에 멸망을 당한 것이 되는 것입니다.

그러므로 바로의 종 되었던 이스라엘 백성들이 가나안에 입성하여 정착하게 된 것을, "안식을 주셨다"(수 21:44, 22:4)고 말씀합니다. 그런데 신약성경은, "만일 여호수아가 그들에게 안식을 주었더라면 그 후에 다른 날을 말씀하지 아니하셨으리라 그런즉 안식할 때가 하나님의 백성에게 남아 있도다"(히 4:8-9) 라고 해설해줍니다.

우리가 지금 자유를 얻었으나, "하나님의 자녀들의 광광(榮光)의 자유"(롬 8:21)에 이른 것은 아닙니다. 영광의 자유는 주님께서 재림하시는 날, "우리의 낮은 몸을 자기 영광의 몸의 형체와 같이 변하게 하실"(빌 3:21) 영화의 날에 주어지는 것입니다.

그날에는 "이루었다 나는 알파와 오메가요 처음과 마지막이라"(계 21:6)고 선언하실 하나님의 나라와, 온전한 안식도 회복이 되는 것입니다.

이런 맥락에서 초대교회가 주님께서 사망권세를 이기시고 부활하신, "그 주간의 첫날"(행 20:7), 즉 오늘의 주일(主日)에 모여 예배를 드렸다는 것은 너무나 합당한 일이었던 것입니다.

어찌하여 주일을 지켜야 하는가? 온전한 안식을 주실 주님의 재림을 대망하기 위해서인 것입니다. 이것이 "일곱째 날을 복되게 하신 하나님"입니다.

> 나의 생명 되신 주 주님 앞에 나아갑니다.
> 주의 흘린 보혈로 정케 하사 받아 주소서
> 날마다 날마다 주를 찬송 하겠네
> 주의 사랑의 줄로 나를 굳게 잡아 매소서 -아멘-

창세기 2:18-25절 분석도표

주제 : 배필을 지어주신 하나님의 마음

좋지아니함

18

18 여호와 하나님이 이르시되 사람이 혼자 사는 것이 좋지 아니하니

내가 그를 위하여 돕는 배필을 지으리라 하시니라

배필이 없음

19-20

19 여호와 하나님이 흙으로 각종 들짐승과 공중의 각종 새를 지으시고
아담이 무엇이라고 부르나 보시려고 그것들을 그에게로 이끌어 가시니
아담이 각 생물을 부르는 것이 곧 그 이름이 되었더라
20 아담이 모든 가축과 공중의 새와 들의 모든 짐승에게 이름을 주니라
아담이 돕는 배필이 없으므로

하나를 둘로

21-23

21 여호와 하나님이 아담을 깊이 잠들게 하시니 잠들매
그가 그 갈빗대 하나를 취하고 살로 대신 채우시고
22 여호와 하나님이 아담에게서 취하신 그 갈빗대로 여자를 만드시고
그를 아담에게로 이끌어 오시니
23 아담이 이르되 이는 내 뼈 중의 뼈요 살 중의 살이라
이것을 남자에게서 취하였은즉 여자라 부르리라 하니라

합하심

24-25

24 이러므로 남자가 부모를 떠나
그의 아내와 합하여 둘이 한 몸을 이룰지로다
25 아담과 그의 아내 두 사람이 벌거벗었으나 부끄러워하지 아니하니라

배필을 지어주신 하나님의 마음

설교 작성노트

본문은 아담에게 배필을 지어주시는 내용이다. 하나님은, "사람이 혼자 사는 것이 좋지 아니하니 내가 그를 위하여 돕는 배필을 지으리라"(18) 하신다. 그러면 하나님은 "사람이 혼자 사는 것이 좋지 않다"는 것을 미처 모르셨단 말인가? 아니다. 배필을 지어주시는 행사를 통해서 계시하시려는 중요한 말씀이 있기 때문이다.

신약성경은 예수 그리스도를 "마지막 아담"(고전 15:45)이라고 말씀한다. 그러므로 우리가 추구해야 할 점은 배필을 특수한 방도인 아담의 "갈빗대"를 취하여 지어주신 구속사적 의미가 무엇인가를 증언하고자 하는 것이 내용목적이다.

이를 통해서 성도들로 하여금 마지막 아담이신 그리스도의 배필이 된 자신의 정체성을 깨닫게 하여, "그(신랑)와 함께 영광을 받기 위하여 고난도 함께 받아야 할 것"(롬 8:17)이라는 점을 확신시키고자 하는 것이 적용목적이라 할 수가 있다.

사도 바울은, "누가 주의 마음을 알아서 주를 가르치겠느냐 그러나 우리가 그리스도의 마음을 가졌느니라"(고전 2:16)고 말씀한다. 아담에게 배필을 지어주신 하나님의 마음, 즉 의도가 무엇인가?

강론

본문은 "여호와 하나님이 이르시되 사람이 혼자 사는 것이 좋지 아니하니"(8) 하고 시작이 됩니다. 1장에는 "하나님이 보시기에 좋았더라"는 말이 7번이나 등장하면서, 마지막에는 "보시기에 심히 좋았더라"(1:31)고 말씀했는데 2장에서 "혼자 사는 것이 좋지 아니하니" 한다면 하나님께서 이를 미처 모르셨단 말인가? 아닙니다. 아담에게 배필을 지어주시는 행사를 통해서 깨닫게 하시려는 중요한 계시가 있으시기 때문입니다.

그런데 본문을 보시면, "내가 그를 위하여 돕는 배필을 지으리라" 하신 후에 이어지는 내용은, "여호와 하나님이 흙으로 각종 들짐승과 공중의 각종 새를 지으시고 아담이 무엇이라고 부르나 보시려고 그것들을 그에게로 이끌어 가시니"(19) 하는 말씀입니다. 그러면 "배필을 지으리라" 하신 것을 잊으셨단 말인가? 아닙니다. 이들 중에 네 배필이 될 자가 있는지 살펴보라, 즉 선을 보는 것과 같은 문맥인 것입니다.

이점이 "아담이 무엇이라고 부르나 보시려고 그것들을 그에게로 이끌어 가시니, 아담이 모든 가축과 공중의 새와 들의 모든 짐승에게 이름을 주니라"한 말씀에 나타나는데, 이는 아담이 하나님께서 이끌어 오신 것들을 관찰했다는 점을 나타냅니다.

그런 후에, "아담이 돕는 배필이 없으므로"(20) 하고 이어지는 것은, 이것들 중에는 "돕는 배필이 없습니다"(20) 라고 말한 것과 같은 뜻입니다. 이를 통해서 말씀하시려는 바가 무엇인가? 첫째는 배필이 된다는 것이 얼마나 영광스러운가 하는 점이요, 둘째는 배필이란 어떤 방도에 의해서 가능하게 되는가 하는 점입니다.

그러면 형제는 하나님께서 어떤 방도로 배필을 지어주실 것으로 예상이 됩니까? "흙으로 사람을 지으시고"(7) 한 방법입니다. 그런데 성경은, "여호와 하나님이 아담을 깊이 잠들게 하시니 잠들매 그가 그 갈빗대 하나를 취하고 살로 대신 채우시는"(21) 특이한 방법으로 지어주셨다고 말씀합니다.

그러므로 우리는, 배필을 이런 특이한 방도로 지어주신 의도가 무엇인가 하고 물어야 마땅한 것입니다. 여기에 본문을 통해서 계시하시려는 하나님의 마음, 하나님의 지혜, 하나님의 비밀이 있는 것입니다. 만일 배필을 별개의 요소(要素)로 지어주셨다면 두 관계는 상관이 없는 남남의 관계가 되고 마는 것입니다.

그러므로 하나님께서 아담에게서 취하신 그 갈빗대로 만드신 여자를 아담에게로 이끌어 오시니 아담은, "이는 내 뼈 중의 뼈요 살 중의 살이라"(22-23)고 외쳤던 것입니다. 아담이, "이는"한 것은 이번이야 말로 배필을 만났다는 뜻이요, "내 뼈 중의 뼈요 살 중의 살이라"한 것은 배필을 만난 자의 환성(歡聲)이었던 것입니다.

이점에서 아담의 말을 유의해 보면 취하지 않은, "살 중의 살이라"는 말을 덧붙이고 있다는 점입니다. 아담은 "이는 내 몸이다"라고 외친 셈입니다. "갈빗대"란 몸을 상징하는 표현이었던 것입니다. 이점이, "그의 아내와 합하여 둘이 한 몸을 이룰지로다"(24) 한 말씀에 분명히 나타납니다.

그런데 하나님께서 계시하시고자 하는 핵심은 한 사람이었던 아담을 둘로 나누신 것이 끝이 아니라, "둘이 한 몸을 이룰지로다", 즉 "머리+몸"이 합하여 "한 몸"이 되라 하신데 있다는 점을 명심해야만 합니다. 이 특이한 방법을 통해서 계시하시려는 바가 무엇인가?

복음이 밝히 드러난 신약성경에서는, "그러므로 사람이 부모를 떠나 그의 아내와 합하여 그 둘이 한 육체가 될지니 이 비밀이 크도다 나는 그리스도와 교회에 대하여 말하노라"(엡 5:31-32)고 해설해주고 있습니다.

이는 두 마디로 되어 있는데 첫째는, ㉠ "그리스도와 교회에 대하여 말한다"는 뜻인데, 하나님께서 아담에게 배필을 지어주신 행사가 "그리스도와 교회"의 관계를 계시하시는 예표라는 뜻입니다. 그렇습니다. 지금 성경은 아담에게 특이한 방법으로 배필을 지어주셨다는 이야기를 하려는 것이 아니라 "그리스도와 교회"의 관계가 어떤 관계인가를 깨닫기를 원하고 있는 것입니다.

하나님께서는 그리스도를 십자가에 깊이 잠들게 하시고 신부인 몸 된 교회를 태어나게 하셨던 것입니다. 이점을 메시아 예언으로 유명한 이사야 53장에서는, "그가 자기 영혼의 수고한 것을 보고 만족히 여길 것이라"(사 53:11)고 말씀하는데 깊은 잠에서 깨어난, 즉 죽은 자 가운데서 부활하신 주님은 신부인 교회를 보시고, "이는 내 뼈 중의 뼈요 살 중의 살이라"고 기뻐하신 셈입니다.

그래서 스바냐서에서는, "너의 하나님 여호와가 너의 가운데 계시니 그는 구원을 베푸실 전능자시라 그가 너로 인하여 기쁨을 이기지 못하여 하시며 너를 잠잠히 사랑하시며 너로 인하여 즐거이 부르며 기뻐하시리라 하리라"(습 3:17)고 예언하고 있는 것입니다.

ㄴ 둘째로, "이 비밀이 크도다"고 말씀하는데 그러면 비밀 중에 가장 큰 비밀이 무엇이란 말인가? 하나로 둘을 만드신 후에 "합하여 둘이 하나가 되라", 즉 "주와 합하는 자는 한 영이니라"(고전 6:17)는 말씀에 있다는 점을 꼭 붙잡으시기를 바랍니다. 이를 연합교리라고 말하는데 기독교 신비(神秘)의 극치를 나타냅니다.

성경은 그리스도와 교회의 관계를, "남편과 아내, 머리와 몸, 포도나무와 가지"의 관계 등으로 말씀하고 있는데 첫째는, "불가분(不可分)의 관계"임을 나타냅니다. "머리와, 몸"은 떼었다 붙였다 할 수 있는 그런 것이 아닙니다.

둘째로, 머리되시는 그리스도에게 되어진 일은 몸인 교회에게도 되어진 사실이라는 점을 나타냅니다. 그러므로 "그리스도 안에" 있는 자들은 그리스도께서 십자가에 못 박히셨을 때 어디 있었는가? 그리스도 안에서 함께 못 박히고, 함께 죽었고, 함께 장사 지낸바 되었다가(롬 6:5), "또 함께 일으키사 그리스도 예수 안에서 함께 하늘에 앉히시니"(엡 2:6) 하는 놀라운 논리가 성립이 되는 것입니다.

우리가 어떻게 해서 그리스도 안에 있게 되었는가 하고 묻는다면, "너희는 하나님께로부터 나서 그리스도 예수 안에 있고”(고전 1:30) 라고 대답합니다. 즉 하나님께서 택하셔서 그리스도 안에 있게 하셨다는 것입니다. 그래서 주님은, “세상 중에서 내게 주신 사람들에게 내가 아버지의 이름을 나타내었나이다 저희는 아버지의 것이었는데 내게 주셨으며”(요 17:6) 라고 말씀하셨던 것입니다.

이상의 말씀이 우리에게는 어떻게 적용이 되는가? 첫째는, “주와 합하는 자는 한 영이니라”(고전 6:17)는 진리입니다. 이를 달리 표현을 하면, “나는 그리스도 안에, 그리스도는 내 안에”있다는 뜻입니다. 사도 바울은, “나도 내 속에서 능력으로 역사하시는 이의 역사를 따라 힘을 다하여 수고하노라”(골 1:29)고 고백합니다.

둘째로, “혼자 사는 것이 좋지 아니하니”(8) 하신 뜻인데 성경은 그리스도를, “마지막 아담”(고전 15:45)이라 합니다. 그렇다면 주님의 배필로 형제를 짝을 지어주셨다는 것이 되는 것입니다. 이것이 어떻게 가능해졌는가? “아담을 깊이 잠들게”, 즉 주님께서 죽으시고 다시 사심을 통해서 배필이 되었다는 점을 명심해야만 하겠습니다.

로마서에서는 “이는 다른 이 곧 죽은 자 가운데서 살아나신 이에게 가서”, 즉 그리스도의 배필이 되어 “하나님을 위하여 열매를 맺게 하려 함이라”(롬 7:4)고 말씀합니다. “열매를 맺게 하려 함”이란 자녀를 생산하듯 한다는 뜻인데 그러므로 바울은, “그리스도 예수 안에서 복음으로써 내가 너희를 낳았음이라(고전 4:15), 나의 자녀들아 너희 속에 그리스도의 형상이 이루기까지 다시 너희를 위하여 해산하는 수고를 하노니”(갈 4:19) 라고 말씀한 것입니다.

잠언은 의외라 싶게, "누가 현숙한 여인을 찾아 얻겠느냐 그 값은 진주보다 더 하니라 그런 자의 남편의 마음은 그를 믿나니"(잠 31:10-11)하는, "현숙한 아내"라는 주제로 마치고 있습니다. 실로 신랑 되시는 그리스도를 돕는 현숙한 배필이 되어야 하겠다는 결단을 하게 합니다. 이것이 "배필을 지어주신 하나님"입니다.

주 오늘에 다시 오신다면 부끄러움 없을까

잘 하였다 주님 칭찬하며 우리 맞아 주실까

주 안에서 우리 몸과 맘이 깨끗하게 되어서

주 예수님 다시 오실 때에 모두 기쁨으로 맞으라

창세기 2:7-18절 분석도표

주제 : 첫 언약을 세워주신 하나님

<table>
<tr><td rowspan="1">여
호
와

하
나
님</td><td>

7-9

7 여호와 하나님이

    땅의 **흙으로** ① **사람을 지으시고** 생기를 그 코에 불어넣으시니 사람이 생령이 되니라

8 여호와 하나님이

    동방의 에덴에 ② **동산을 창설하시고** 그 지으신 사람을 거기 두시니라

9 여호와 하나님이

    그 땅에서 보기에 아름답고 먹기에 좋은 나무가 나게 하시니 동산 가운데에는

    생명 나무와 선악을 알게 하는 나무도 있더라

</td></tr>
<tr><td>강
이

에
덴
에
서</td><td>

10-14

10   ③ **강이 에덴에서 흘러** 나와 동산을 적시고 거기서부터 갈라져 **네 근원이 되었으니**

11   첫째의 이름은 비손이라 금이 있는 하윌라 온 땅을 둘렀으며

12   그 땅의 금은 순금이요 그 곳에는 베델리엄과 호마노도 있으며

13   둘째 강의 이름은 기혼이라 구스 온 땅을 둘렀고

14   셋째 강의 이름은 힛데겔이라 앗수르 동쪽으로 흘렀으며 넷째 강은 유브라데더라

</td></tr>
<tr><td>원
시

언
약</td><td>

15-17

15 여호와 하나님이

    그 사람을 이끌어 에덴 동산에 두어 그것을 ④ **경작하며 지키게 하시고**

16 여호와 하나님이

    그 사람에게 ⑤ **명하여 이르시되** 동산 각종 나무의 열매는 **네가 임의로 먹되**

17 | 선악을 알게 하는 나무의 열매는 먹지 말라 |

네가 먹는 날에는 반드시 죽으리라 하시니라

18 여호와 하나님이 이르시되 사람이 혼자 사는 것이 좋지 아니하니 내가 그를 위하여

    돕는 배필을 지으리라 하시니라

</td></tr>
</table>

첫 언약을 세워주신 하나님

설교 작성노트

본문은, "에덴동산을 창설하시고 지으신 사람을 거기 두셨다"고 말씀한다. 이점에서 두 가지를 주목하게 되는데 지으신 사람으로 거하게 하신 에덴동산에는 첫째는, "생명나무와 선악을 알게 하는 나무도 있었다"(9)는 점과, 둘째는 "강이 에덴에서 흘러 나와, 네 근원이 되었다"(10)고 말씀한다는 점이다.

이점에서 첫째로 묻게 되는 것은, "동산 각종 나무의 열매는 네가 임의로 먹으라" 하신 하나님께서 유독 "선악을 알게 하는 나무의 열매는 먹지 말라 네가 먹는 날에는 반드시 죽으리라" 하신 구속사적인 의도가 무엇인가 하는 점을 증언하고자 하는 것이 내용목적이다.

그리하여 성도들에게 선악과에 대한 불확실성을 밝히 깨닫게 하여 하나님과의 관계가 언약의 관계임을 확신시켜줌으로 "새 언약", 즉 복음 위에 굳게 세워주고자 하는 것이 적용목적이다.

강론

구원계획은 도표에 표시된 대로 "여호와 하나님"이 주체(主體)이십니다. 여호와 하나님께서, ① 사람을 지으시고 그들을 두시기 위하여, ② 동산을 창설하시고, ③ 강이 에덴에서 흘러(발원), 네 근원이 되었고, ④ 사람으로 에덴동산을 경작하며 지키게 하시고 그런 후에, ⑤ "선악을 알게 하는 나무의 열매는 먹지 말라 네가 먹는 날에는 반드시 죽으리라"고 명하시는 문맥입니다. 그러면 "네가 먹는 날에는 반드시 죽으리라"고 명하신 의도가 무엇인가 하는 점입니다.

먼저 언급할 점은 1:1-2:3절까지는 호칭이, "하나님"(32번)으로 되어 있고, 2:4-25절에서는 호칭이 "여호와 하나님"(11번)으로 바뀌고 있다는 점입니다. 그러면 어찌하여 "하나님"이 "여호와 하나님"으로 바꾸었는가 하는 점입니다.

"여호와"라는 호칭은 출애굽 당시 하나님께서 모세에게, "나는 여호와이니라"(출 6:2)고 처음으로 계시하신 이름입이다. 그러므로 "여호와"라는 호칭은, "나는 여호와라 내가 애굽 사람의 무거운 짐 밑에서 너희를 빼내며 그들의 노역에서 너희를 건지며 편 팔과 여러 큰 심판들로써 너희를 속량하여 너희를 내 백성으로 삼고"(출 6:6-7) 하신, "구속"(救贖)과 결부되는 호칭입니다.

이점에서 인식해야 할 점은 창세기의 1차 독자들은 애굽 바로의 노예에서 속량함을 받아 신분이 하나님의 백성으로 바꿔진 이스라엘이라는 점입니다. 모세는 이들에게, "우리를 애굽에서 구원하여주신 〈여호와〉가 누구신지 아느냐? 천지만물을 창조하신 〈하나님〉이시다" 라고 말해주고 있는 셈입니다.

그러므로 1:1-2:3절까지를 관찰해보면 초점이 "천지만물"을 창조하시는데 맞춰져 있고, 2:4절 이하에서는 초점이 하나님의 백성인 "사람"에게 맞춰져 있는 것을 대하게 됩니다. 그러므로 불신자들은 천지만물을 창조하신"하나님"이라 부를 수는 있으나, "여호와"라 부를 수 있는 특권은 오직 구속함을 얻은 하나님의 백성들뿐인 것입니다.

최초의 계명

여호와 하나님이 아담에게, "동산 각종 나무의 열매는 네가 임의로 먹되 선악을 알게 하는 나무의 열매는 먹지 말라 네가 먹는 날에는 반드시 죽으리라"(16-17)고 명하십니다.

㉠ "동산 각종 나무의 열매는 네가 임의로 먹되" 하신 것을 보면, ㉡ "선악을 알게 하는 나무의 열매는 먹지 말라"고 금하신 데는 특별한 의도가 있으셨기 때문이라는 점이 나타납니다. ㉢ 그러면 "네가 먹는 날에는 반드시 죽으리라" 하셨는데 금하신 과일에 독이 있기 때문이란 말인가? 아닙니다.

호세아 선지자는 이를, "그들은 아담처럼 언약을 어기고 거기에서 나를 반역하였느니라"(호 6:7)고, 이를 "언약"(言約)이었다고 해설해주고 있습니다. 하나님과의 관계는 언제나 언약의 관계입니다.

① 인류의 시조에게는 "선악을 알게 하는 나무의 열매"를 놓고 언약을

맺으셨고,

② 선민 이스라엘과는, "언약서를 가져다가 백성에게 낭독하여 듣게 하니"(출 24:7) 한, 율법으로 언약을 맺으셨고,

③ 신약의 성도들에게는, "이 잔은 내 피로 세우는 새 언약이니 곧 너희를 위하여 붓는 것이라"(눅 22:20) 하신 "새 언약"을 세워주심으로 언약을 맺어주신 것입니다.

하나님과의 관계는 언제나 언약의 관계입니다. 언약이 없으면 하나님과의 관계도, 믿음도 성립이 되지 않습니다. 믿음이란 다름 아닌 언약을 믿는 것을 의미합니다. 하나님은 언약(법)을 통해서 다스리십니다.

만일 언약을 세워주시지 않으셨다면, "에덴동산에 두어 그것을 경작하며 지키게 하셨다"(15)한, 하나님의 다스림을 받는 여부를 알 길이 없는 것입니다. 이런 맥락에서 3:15절을 원시복음이라 함과 같이 "네가 먹는 날에는 반드시 죽으리라" 하신 말씀을, "원시언약, 또는 원시계명"이라고 말할 수가 있는 것입니다.

선악과의 문맥적인 의미

그런데 이를 문맥적으로 보면 어떤 언약이 되는가? "네가 먹는 날에는 반드시 죽으리라"(17)고 말씀하신 후에, "여호와 하나님이 이르시되 사람이 혼자 사는 것이 좋지 아니하니 내가 그를 위하여 돕는 배필을 지으리라"(18) 하신 "배필"로 이어지고 있는 문맥이라는 점을 주목해야만 합니다.

그러니까 17절은 "하나님과 아담"의 관계요, 18절은 "아담과 배필인 하와"의 관계가 되는 것입니다. 그러면 아담과 하와는 어떤 관계인가?

아담은 하와만을, 하와는 아담만을 사랑해야 하는 사랑의 관계인 것입니다. 만일 하와가 다른 남자를 사랑한다면 "반드시 죽으리라", 즉 관계는 깨지고 마는 것입니다. 이런 문맥으로 볼 때 "원시언약"은 하나님만을 사랑하겠다는 "사랑의 언약"이었다는 점을 깨닫게 되는 것입니다.

율법, 즉 옛 언약도, "이스라엘아 네 하나님 여호와께서 네게 요구하시는 것이 무엇이냐 곧 네 하나님 여호와를 경외하여 그의 모든 도를 행하고 그를 사랑하며 마음을 다하고 뜻을 다하여 네 하나님 여호와를 섬기고 내가 오늘 네 행복을 위하여 네게 명하는 여호와의 명령과 규례를 지킬 것이 아니냐"(신 10:12-13) 하신 사랑의 언약이었던 것입니다.

그런데 "그들은 아담처럼 언약을 어기고"(호 7:7), 즉 아담도, 선민 이스라엘도 언약을 어기고 "나를 반역(叛逆)하였다"하십니다. 아담은 하나님의 언약을 불신하고 사탄의 유혹하는 말을 믿고 금과를 범했고, 선민 이스라엘은 메시아 언약을 불신하고 "우상"을 숭배함으로 "반역"을 했던 것입니다. 그들은 한마디로 하나님의 통치를 거부한 것입니다.

그리하여 "반드시 죽으리라"(17하) 하신 대로, "여호와 하나님"과의 관계가 단절"이 되어 에덴에서 추방을 당하고, 선민 이스라엘도 바벨론으로 추방을 당하고 말았던 것입니다. 이처럼 배은망덕한 자들에게 하나님은 어떻게 행해주셨는가?

㉠ 인류의 시조가 범죄 하였을 때는, "내가 너로 여자와 원수가 되게 하고 네 후손도 여자의 후손과 원수가 되게 하리니 여자의 후손은 네 머리를 상하게 할 것이요 너는 그의 발꿈치를 상하게 할 것이니라"(3:15)

고, "여자의 후손"을 보내서서 구원하여주시겠다는 "원복음"을 주셨고,

ⓛ 선민 이스라엘이 범죄 하였을 때는, "보라 날이 이르리니 내가 이스라엘 집과 유다 집에 새 언약을 맺으리라"고, "새 언약"을 세워주시겠다 하셨습니다. 그리고 "이 언약은 내가 그들의 조상들의 손을 잡고 애굽 땅에서 인도하여 내던 날에 맺은 것과 같지 아니할 것은 내가 그들의 남편이 되었어도 그들이 내 언약을 깨뜨렸음이라"(렘 31:31-32) 하십니다.

그리고 이 "원복음, 새 언약"이 주님께서 잡히시던 날 밤, "이 잔은 내 피로 세우는 새 언약이니 곧 너희를 위하여 붓는 것이라"(눅 22:20)고, 십자가 복음으로 성취가 되었던 것입니다. 그러면 "새 언약과, 옛 언약"이 어떤 점에서 같지 아니한지 형제는 말해줄 수가 있습니까?

아담에게 세우신, "네가 먹는 날에는 반드시 죽으리라" 하신 첫 말씀도 행위계명이요, 모세를 통하여 세우신 율법도 "행위계명"이었는데, 새 언약은 "믿음"으로 받는 언약이라는 점이 근본적으로 다른 점입니다.

이점을 신약성경은, "믿음이 오기 전에 우리는 율법 아래 매인 바 되고 계시될 믿음의 때까지 갇혔느니라, 믿음이 온 후로는 우리가 초등교사 아래에 있지 아니하도다"(갈 3:23, 25)고 말씀합니다. 이는 인간의 행함으로는 의롭다함을 얻을 가망이 없다는 자력구원의 불가능성을 아셨기 때문입니다.

그리하여 "이같이 율법이 우리를 그리스도께로 인도하는 초등교사가 되어 우리로 하여금 믿음으로 말미암아 의롭다 함을 얻게 하려 함이라"

(갈 3:24)고 말씀합니다. 생수의 강"이라는 주제는 다음번에 말씀드리기
로 하겠습니다. 이것이 "첫 언약을 세워주신 하나님"입니다.

주의 약속하신 말씀 위에서 영원토록 주를 찬송하리라

소리 높여 주께 영광 돌리며 약속 믿고 굳게 서리라

굳게 서리 영원하신 말씀 위에 굳게 서리

굳게 서리 그 말씀 위에 굳게 서리라

창세기 2:4-14절 분석도표

주제 : 에덴에서 발원한 생명수 강

사람을 지으심

7-9

4 이것이 천지가 창조될 때에 하늘과 땅의 내력이니
여호와 하나님이 땅과 하늘을 만드시던 날에
5 여호와 하나님이 **땅에 비를 내리지 아니하셨고** 땅을 갈 사람도 없었으므로
들에는 초목이 아직 없었고 밭에는 채소가 나지 아니하였으며
6 안개만 땅에서 올라와 온 지면을 적셨더라
7 여호와 하나님이 **땅의 흙으로 사람을 지으시고** 생기를 그 코에 불어넣으시니
사람이 생령이 되니라

에덴에 동산을 창설하심

10-14

8 여호와 하나님이 동방의 **에덴에 동산을 창설하시고**
그 지으신 사람을 거기 두시니라
9 여호와 하나님이 그 땅에서 보기에 아름답고 먹기에 좋은 **나무가 나게 하시니**
동산 가운데에는 **생명나무와 선악을 알게 하는 나무도 있더라**
10 **강이 에덴에서 흘러 나와 동산을 적시고**
거기서부터 갈라져 네 근원이 되었으니
11 **첫째의 이름은 비손이라** 금이 있는 **하윌라 온 땅을 둘렀으며**
12 그 땅의 금은 순금이요 그 곳에는 베델리엄과 호마노도 있으며
13 **둘째 강의 이름은 기혼이라 구스 온 땅을 둘렀고**
14 **셋째 강의 이름은 힛데겔이라 앗수르 동쪽으로 흘렀으며**
넷째 강은 유브라데더라

에덴에서 발원한 생명수 강

설교 작성노트

본문은, "에덴에 동산을 창설하시고 지으신 사람을 거기 두시니라"(8)고, "에덴동산"이 부각이 되고 있다. 이점에서 두 가지를 주목하게 되는데 첫째는, 에덴동산에는 "생명나무와 선악을 알게 하는 나무도 있었다"(9)는 점과, 둘째는 "강이 에덴에서 흘러 나와", 즉 발원(發源)하여 "네 근원이 되었다"(10), 즉 사방으로 흘렀다고 말씀한다는 점이다.

그런데 인류의 시조가 하나님께서 세워주신 언약을 파기함으로"생명나무와, 생수의 강"을 잃게 되었던 것이다. 하나님께서 이를 어떻게 회복시켜주셨는가를 증언하고자 하는 것이 내용목적이다.

이제는 주님께서 말씀하신 바, "나를 믿는 자는 성경에 이름과 같이 그 배에서 생수의 강이 흘러나오리라"(요 7:38), 즉 성도들로부터 생수의 강이 흘러나와야 한다는 점이 적용목적이라 하겠다. 잠언에서는, "의

인의 입은 생명의 샘이라도 악인의 입은 독을 머금었느니라"(잠 10:11)
고 말씀한다.

강론

창세기 1장에서는 사람을 여섯째 날, 즉 마지막으로 지으셨다고 말씀합니다. 그것은 사람이 살아갈 환경을 먼저 조성해 놓으신 후에 지으셨기 때문입니다. 그런데 2장에서는 "여호와 하나님이 땅의 흙으로 사람을 지으시고 생기를 그 코에 불어넣으시니 사람이 생령이 되니라"고, "사람"에게 초점이 맞춰지고, "여호와 하나님이 동방의 에덴에 동산을 창설하시고 그 지으신 사람을 거기 두시니라"(7-8)고, 사람과, 그들이 살아갈 에덴동산이 주 무대로 등장을 하게 됩니다. 이는 창조의 중심이 하나님의 형상대로 지음을 받은 사람에게 있다는 점을 나타냅니다.

이점에서 주목하게 되는 것은 에덴동산에는 다른 곳에는 없는 두 가지 특성이 있었는데 ㉠첫째는, "생명나무와 선악을 알게 하는 나무"(9)가 있었고, ㉡ 둘째는, "강이 에덴에서 흘러 나와 동산을 적시고 거기서부터 갈라져 네 근원이 되었다"(10)는 생수의 근원입니다. 당시는 "여호와 하나님이 땅에 비를 내리지 아니하셨고,(5) 안개만 땅에서 올라와 온 지면을 적셨더라"(6) 한 상황이었는데, "강"이 에덴에서부터 흘러나와 네 근원이 되었다는 것은 생명을 소생시키는 근원이 에덴에서부터 발원했다는 점을 나타냅니다.

이점에서 명심해야 할 점은 "에덴동산"이라는 동산이 생명의 강이 아니라 하나님께서 그들과 함께 하셨기 때문이라는 점을 유념해야만 합니다. 이런 축복을 받은 인류의 시조가 단 한 가지 금지 명령인 선악과를 범함으로 "생명나무와, 생수의 강"을 잃게 되었고, 에덴 낙원에서 추방을 당했던 것입니다.

훗날 선민 이스라엘도 이와 같은 잘못을 되풀이 했는데 하나님께서는, "어느 나라가 그들의 신들을 신 아닌 것과 바꾼 일이 있느냐 그러나 나의 백성은 그의 영광을 무익한 것과 바꾸었도다" 하시면서, "내 백성이 두 가지 악을 행하였나니 곧 그들이 생수의 근원되는 나를 버린 것과 스스로 웅덩이를 판 것인데 그것은 그 물을 가두지 못할 터진 웅덩이들이니라"(렘 2:11, 13)고 책망하십니다. 현대교회가 이런 잘못을 되풀이하고 있는 것이 아닌지 심각하게 돌아보아야 할 것입니다.

그런데 성경은 마지막 책, 마지막 장에서, "또 그가 수정 같이 맑은 생명수의 강을 내게 보이니 하나님과 및 어린 양의 보좌로부터 나와서 길 가운데로 흐르더라 강 좌우에 생명나무가 있어 열두 가지 열매를 맺되 달마다 그 열매를 맺고 그 나무 잎사귀들은 만국을 치료하기 위하여 있더라"(계 22:1-2)고, "생명수 강과, 생명나무"가 회복이 되는 것을 보게 됩니다.

그리고 "그들이 생명나무에 나아가며 문들을 통하여 성에 들어갈 권세를 받으려 함이로다"(14) 라고 접근이 금지되었던 생명나무에 나아가게 되며, 추방을 당했던 자들이 "들어갈 권세"를 얻게 된다는 말씀을 대하게 된다는 것은 참으로 감격스런 일입니다.

　이것이 어떻게 해서 가능하게 되는가? 이를 구속사라는 맥락에서 추적해보면 출애굽 당시 신 광야에서, "백성이 목이 말라 물을 찾으매 그들이 모세에게 대하여 원망하여 이르되 당신이 어찌하여 우리를 애굽에서 인도해 내어서 우리와 우리 자녀와 우리 가축이 목말라 죽게 하느냐"(출 17:3)고 아우성을 쳤을 때 하나님은 어떻게 행해주셨는가?

　"내가 호렙 산에 있는 그 반석 위 거기서 네 앞에 서리니 너는 그 반석을 치라 그것에서 물이 나오리니 백성이 마시리라"(출 17:6) 하십니다. 이는 생명수의 강이 반석 되시는 그리스도께서 치심을 당함으로 회복하게 된다는 점을 나타냅니다. 이점이 "내가, 그 반석 위 거기서 네 앞에 서리니 너는 그 반석을 치라", 즉 하나님을 치라 하신 말씀에 분명히 나타납니다.

　이점을 스가랴 선지자는, "만군의 여호와가 말하노라 칼아 깨어서 내 목자, 내 짝 된 자를 치라, 그 날에 죄와 더러움을 씻는 샘이 다윗의 족속과 예루살렘 주민을 위하여 열리리라"(7, 1)고 예언하고 있습니다.

　그러므로 에스겔 선지자에게는 생수의 강이, "성전 문지방 밑에서"(겔 47:1) 흘러나오는 것을 보여주시면서, "이 강물이 이르는 곳마다 번성하는 모든 생물이 살고 또 고기가 심히 많으리니 이 물이 흘러 들어가므로 바닷물이 되살아나겠고 이 강이 이르는 각처에 모든 것이 살 것이며(9), 강 좌우 가에는 각종 먹을 과실나무가 자라서 그 잎이 시들지 아니하며 열매가 끊이지 아니하고 달마다 새 열매를 맺으리니 그 물이 성소를 통하여 나옴이라 그 열매는 먹을 만하고 그 잎사귀는 약 재료가 되리라"(겔 47:12) 하십니다.

㉠ "성전 문지방 밑에서 물이 나온다"(1)고 말씀합니다.

㉡ "이 강물이 이르는 곳마다 번성하는 모든 생물이 살고 또 고기가 심히 많으리니 이 물이 흘러 들어가므로 바닷물이 되살아나겠고 이 강이 이르는 각처에 모든 것이 살 것이라"(9)고, "되살아난다"고 말씀합니다.

㉢ "강 좌우 가에는 각종 먹을 과실나무가 자라서 그 잎이 시들지 아니하며 열매가 끊이지 아니하고 달마다 새 열매를 맺으리니 그 물이 성소를 통하여 나옴이라"(12) 합니다.

이처럼 죽었던 것을 살리며, 달마다 새 열매를 맺게 하는 "강물"이 무슨 물이란 말인가?

복음이 밝히 드러난 신약성경에서는, "명절 끝날 곧 큰 날에 예수께서 서서 외쳐 이르시되 누구든지 목마르거든 내게로 와서 마시라 나를 믿는 자는 성경에 이름과 같이 그 배에서 생수의 강이 흘러나오리라"(요 7:37)고 말씀하고, 계시록에서는, "성령과 신부가 말씀하시기를 오라 하시는도다 듣는 자도 오라 할 것이요 목마른 자도 올 것이요 또 원하는 자는 값없이 생명수를 받으라"(계 22:17)고 초청을 하고 있습니다. 이는 반석 되시는 그리스도께서 치심을 당함으로 솟아나게 되는 생명수인 것입니다.

이 생수의 강이 우리에게 어떻게 적용이 되는가? 이제는 생수의 강이 "나를 믿는 자는 성경에 이름과 같이 그 배에서 생수의 강이 흘러나오리라”, 즉 그리스도를 구주로 영접한 자들 속에서 흘러나오리라고 말씀하십니다. 무슨 뜻인가? 잠언에서는, “의인의 입은 생명의 샘이라도 악인의 입은 독을 머금었느니라”(잠 10:11)고 말씀합니다. 그리스도인 속에는, “생수의 강”만이 흐르고 있는 것이 아니라, “그 마음에 시온의 대로가 있는 자는 복이 있나이다”(시 84:5) 한, 대로(大路)가 있는 자들입니다.

입을 벌려 복음의 비밀을 담대히 선포하심으로 생수의 강이 “성전 문지방”, 즉 강단으로 부터 흘러나와 헤엄치는 강수가 되기를 기원합니다. 그리하여 “허물과 죄로 죽었던” 심령들이 소생을 하고, 12가지 열매를 달마다 맺게 될 때 얼마나 영광스럽고 풍성한 교회가 될 것인가!

끝으로 우리를 각성하게 하는 말씀이 있는데,

㉠ “천 척을 측량한 후에 내게 그 물을 건너게 하시니 물이 발목에 오르더니,

㉡ 다시 천 척을 측량하고 내게 물을 건너게 하시니 물이 무릎에 오르고,

㉢ 다시 천 척을 측량하고 내게 물을 건너게 하시니 물이 허리에 오르고,

㉣ 다시 천 척을 측량하시니 물이 내가 건너지 못할 강이 된지라 그 물이 가득하여 헤엄칠 만한 물이요 사람이 능히 건너지 못할 강이더라”(겔 47:3-5)는 말씀이 그것입니다.

이 광경을 보여주시는 것이 무심한 것이겠습니까?

형제가 머물러 있는 생수의 강의 깊이는 “발목인가? 무릎인가? 허리인가? 헤엄칠 만한 물인가”라고 묻고 있는 것입니다. 이것이 “에덴에서 발원한 생수의 강”입니다.

강물 같이 흐르는 기쁨 성령 강림함이라

정결한 맘 영원하도록 주의 거처 되겠네

주님 주시는 참된 평화가 내 맘 속에 넘치네

주의 말씀에 거센 풍랑도 잠잠하게 되도다

창세기 3:1-13절 분석도표

주제 : 금령을 범함으로 무엇이 드러났는가?

<table>
<tr><td rowspan="2">뱀의 유혹</td><td>

1-5

3:1 그런데 **뱀**은 여호와 하나님이 지으신 들짐승 중에 **가장 간교하니라** 뱀이 여자에게 물어

이르되 **하나님이 참으로 너희에게 동산 모든 나무의** 열매를 먹지 말라 하시더냐

2 여자가 뱀에게 말하되 **동산 나무의 열매를 우리가 먹을 수 있으나**

3 동산 중앙에 있는 나무의 열매는 하나님의 말씀에 너희는 먹지도 말고 만지지도 말라

너희가 죽을까 하노라 하셨느니라

4 뱀이 여자에게 이르되 너희가 결코 죽지 아니하리라

5 너희가 그것을 먹는 날에는 너희 눈이 밝아져 하나님과 같이 되어 선악을 알 줄

하나님이 아심이니라

</td></tr>
<tr><td>

6-8 고 나무를 본즉 먹음직도 하고 보암직도 하고 지혜롭게 할 만큼 탐스럽기도 한

나무인지라 여자가 그 열매를 따먹고

자기와 함께 있는 남편에게도 주매 그도 먹은지라

7 이에 그들의 눈이 밝아져 자기들이 **벗은 줄을 알고** 무화과나무 잎을 엮어 치마로 삼았더라

8 그들이 그 날 바람이 불 때 동산에 거니시는 **여호와 하나님의 소리를 듣고**

아담과 그의 아내가 **여호와 하나님의 낯을 피하여** 동산 나무 사이에 숨은지라

</td></tr>
</table>

<table>
<tr><td rowspan="1">죄의 결과</td></tr>
</table>

<table>
<tr><td rowspan="1">하나님의 부르심</td><td>

9-13

9 여호와 하나님이 아담을 부르시며 그에게 이르시되 네가 어디 있느냐

10 이르되 **내가 동산에서 하나님의 소리를 듣고** 내가 벗었으므로 두려워하여 숨었나이다

11 이르시되 누가 너의 벗었음을 네게 알렸느냐

내가 네게 먹지 말라 명한 그 나무 열매를 네가 먹었느냐

12 아담이 이르되 하나님이 주셔서 나와 함께 있게 하신 여자

그가 그 나무 열매를 내게 주므로 내가 먹었나이다

13 여호와 하나님이 여자에게 이르시되 네가 어찌하여 이렇게 하였느냐

여자가 이르되 뱀이 나를 꾀므로 내가 먹었나이다

</td></tr>
</table>

금령을 범함으로 무엇이 드러났는가?

설교 작성노트

하나님께서, "선악을 알게 하는 나무의 열매는 먹지 말라 네가 먹는 날에는 반드시 죽으리라"(창 2:17) 하신 것은, 인류의 시조에게 세워주신 첫 〈계명〉이었다. 그런데 아담 하와는 사탄(뱀)의 유혹에 넘어가 하나님의 금지 명령을 범하고 말았다. 그러면 하나님께서는 사탄이 이처럼 유혹할 것과 아담 하와가 범하게 될 것을 모르셨단 말인가? 전지(全知)라는 하나님의 속성에 근거할 때 아셨다고 말할 수밖에 없다. 그러면 아시면서도 계명을 세워주신 의도가 무엇이며, 인류의 시조가 죄를 범함으로 무엇이 드러났는가? 이를 증언코자 하는 것이 내용목적이다.

이점에서 인식해야 할 점은 하나님의 구원계획은, "오직 은밀한 가운데 있는 하나님의 지혜를 말하는 것으로서 곧 감추어졌던 것인데 하나님이 우리의 영광을 위하여 만세 전에 미리 정하신 것이라"(고전 2:7)는 점이다.

그러면 "우리의 영광"이란 어떤 영광인가? 아담 하와가 죄를 범하기 이전으로 환원(還元)시키는 것이 아니라, "우리가 흙에 속한 자의 형상을 입은 것 같이 또한 하늘에 속한 이의 형상을 입으리라"(고전 15:49), 즉 비교할 수도 없는 영광인 것이다. 그러므로 "현재의 고난은 장차 우리에게 나타날 영광과 비교할 수 없다"(롬 8:18)는 점이 적용목적이라 할 것이다.

강론

창세기 3장은, "그런데 뱀은 여호와 하나님이 지으신 들짐승 중에 가장 간교하니라"(1상)고 시작이 됩니다. "뱀"은 여자에게, "하나님이 참으로 너희에게 동산 모든 나무의 열매를 먹지 말라 하시더냐"(1하)고 묻습니다. 이점에서 몇 가지를 추론하게 되는데,

㉠ 첫째는 뱀이, "동산 모든 나무의 열매를 먹지 말라 하시더냐"고 물었다는 것은, 하나님께서, "선악을 알게 하는 나무의 열매는 먹지 말라 네가 먹는 날에는 반드시 죽으리라"(창 2:17) 하신 말씀을 알고 있었다는 점을 나타냅니다.

㉡ 둘째는, "뱀" 자체는 이를 알 수도 없거니와, 아담 하와를 유혹해야 할 하등의 이유가 없다는 점입니다. 그렇다면 "들짐승 중에 가장 간교"한 뱀을 조종하고 있는 배후 세력이 있다는 점을 추론할 수가 있는데 그 세력은 정체를 나타내고 있지 않기 때문에 본문 자체만으로는 알 수가 없다는 점입니다.

"여자가 뱀에게 말하되 동산 나무의 열매를 우리가 먹을 수 있으나 동

산 중앙에 있는 나무의 열매는 하나님의 말씀에 너희는 먹지도 말고 만지지도 말라 너희가 죽을까 하노라 하셨느니라"(2-3)고 대답을 합니다. 뱀이 "먹지 말라 하시더냐"고, 부정적인 질문으로 접근했다는 것은 하나님의 사랑을 의심케 하려는 저의가 깔려 있다는 점을 나타내는데 이에 대해, "너희는 먹지도 말고 만지지도 말라" 하셨다고 부정적으로 응답했다는 것은 사탄의 간계에 말려들고 있다는 증거인 것입니다.

이를 감지한 뱀은, "너희가 결코 죽지 아니하리라 너희가 그것을 먹는 날에는 너희 눈이 밝아져 하나님과 같이 되어 선악을 알 줄 하나님이 아심이니라"(4-5)고 본색을 드러내 적극적으로 공세를 취합니다. 이 말에는 두 가지 의미가 있는데 첫째는 하나님의 선하심을 부정하면서, 둘째는 "하나님 같이 되리라"고 인간의 자존(自尊)감을 자극하고 있다는 점입니다.

이점이 "여자가 그 나무를 본즉 먹음직도 하고 보암직도 하고 지혜롭게 할 만큼 탐스럽기도 한 나무인지라" 한 묘사에 나타납니다. 결국, "여자가 그 열매를 따먹고 자기와 함께 있는 남편에게도 주매 그도 먹은지라"(6) 합니다.

자, 하나님의 금령을 범한 결과가 어떻게 나타났는가? "이에 그들의 눈이 밝아져 자기들이 벗은 줄을 알고 무화과나무 잎을 엮어 치마로 삼았더라"(7) 합니다. 이 말씀의 중심점은, "자기들이 벗은 줄을 알았다"는데 있습니다. "눈이 밝아져"라는 말은 뱀의 말같이 되었다는 점을 나타내는 것이 아니라, 벗은 줄을 "알았다"는 점을 수식해주고 있는 것입니다.

"아담과 그의 아내 두 사람이 벌거벗었으나 부끄러워하지 아니하니라"(2:25) 한 그들이, "자기들이 벗은 줄을 알고 무화과나무 잎을 엮어 치마로 삼았더라”는 말은 죄책감을 갖게 되었다는 점을 나타냅니다.

이제 하나님께서 아담 하와가 금령(禁令)을 범할 줄을 아시면서도 계명을 주신 의도가 어디에 있는가? 다시 말하면 금령을 범함으로 무엇이 드러났는가를 생각해 보아야만 하겠습니다.

㉠ 첫째는 죄가 드러난 것입니다. “내가 벗었으므로 두려워하여 숨었나이다”(3:10) 한 고백은, “지으신 것이 하나도 그 앞에 나타나지 않음이 없고 우리의 결산을 받으실 이의 눈 앞에 만물이 벌거벗은 것 같이 드러나느니라”(히 4:13) 한 죄지은 상태를 나타내는 표현인 것입니다.

이점에서 “아담의 고백과 가인의 변명을 대조해보시기 바랍니다. 하나님께서 가인에게, “네 아우 아벨이 어디 있느냐” 하시니, “내가 죽었나이다”고 말했는가? “내가 알지 못하나이다 내가 내 아우를 지키는 자니이까”(4:9) 라고 거짓말을 한 것과 대조가 됩니다.

물론 아담이나 우리의 회개는 온전한 것이 아닙니다. 이점이 “하나님이 주셔서 나와 함께 있게 하신 여자 그가 그 나무 열매를 내게 주므로 내가 먹었나이다”(12) 한 변명에 나타납니다.

㉡ 둘째는, 죄를 깨달은 후에 복음이 드러났다는 점입니다. 이점에서 인식해야 할 점은 구원계획(복음)은 죄가 세상에 들어온 후에 부랴부랴 세우신 것이 아니라 만세 전에 정하신 것이라는 점입니다. 하나님의 의도는 죄를 깨닫고, “여자의 후손”, 즉 그리스도를 만나게 하시려는 것입니다. 인간은 “계명”을 준행하는 자기행위로는 하나님 앞에 의롭다함을 얻을 수가 없고 무가치한 자에게 베푸시는 은혜의 복음을 “믿음”으로만이 구원에 이를 수 있다는 점이 창세기 3장에서 이미 계시가 된 것입니다.

ⓒ 셋째로 드러난 것은, 하나님은 죄인을 찾아오시고 부르시는 하나님이시라는 점입니다.

"그들이 그 날 바람이 불 때 동산에 거니시는 여호와 하나님의 소리를 듣고 아담과 그의 아내가 여호와 하나님의 낯을 피하여 동산 나무 사이에 숨은지라 여호와 하나님이 아담을 부르시며 그에게 이르시되 네가 어디 있느냐"(8-9) 하십니다.

죄를 범한 아담이 하나님을 찾은 것이 아닙니다. 하나님께서 선수적으로 죄를 범한 아담을 찾아오시고 부르신 것입니다. "그들이 그 날 바람이 불 때"(8상)라는 표현으로 볼 때 하나님께서 아담을 찾으신 것은 "그 날", 즉 아담 하와가 죄를 범한 바로 그 날이었다는 점입니다.

이점을 구속사라는 맥락으로 보면, "너희는 가서 내가 긍휼을 원하고 제사를 원하지 아니하노라 하신 뜻이 무엇인지 배우라 나는 의인을 부르러 온 것이 아니요 죄인을 부르러 왔노라"(마 9:13), 즉 주님께서 죄인을 부르러 임마누엘 하셨다는 점과 결부가 되는 것입니다. 그러니까 아담은 최초로 죄를 범한 자요, 죄인 중에 최초로 부름을 받은 자요, 또한 최초로 죄를 자백(벗었다)한 자가 되는 것입니다.

ⓓ 넷째로, 사탄의 정체가 드러났다는 점입니다. 창세기 3장의 사건이 아니었다면 우리는 사탄이 존재한다는 사실과 그의 사악한 간계를 모르게 되었을 것이요, 그리하여 계속적으로 속고 말았을 것입니다.

이점을 신약성경에서는, "큰 용이 내쫓기니 옛 뱀 곧 마귀라고도 하고 사탄이라고도 하며 온 천하를 꾀는 자라"(계 12:9)고 폭로하고, 주님은 "너희는 너희 아비 마귀에게서 났으니 너희 아비의 욕심대로 너희도 행하고자 하느니라 그는 처음부터 살인한 자요 진리가 그 속에 없으므로 진리에 서지 못하고 거짓을 말할 때마다 제 것으로 말하나니 이는 그가 거짓말쟁이요 거짓의 아비가 되었음이라"(요 8:44) 하십니다. 사탄은 "가장 간교"한 뱀을 하수인으로 이용하였다는 결론에 이르게 됩니다.

이를 통해서 하나님께서 인도하시려는 궁극적인 목표는, "현재의 고난은 장차 우리에게 나타날 영광과 비교할 수 없다"(롬 8:18)는 점입니다. 우리의 구원은 아담 하나와가 범죄하기 이전으로 환원(還元)시키시려는 것이 아닙니다. "우리의 영광을 위하여 만세 전에 미리 정하신 것이라"(고전 2:7)는 "영광"에 이르게 하시려는 것입니다.

그러면 "장래의 영광"이 무엇인가? "우리의 낮은 몸을 자기 영광의 몸의 형체와 같이 변하게 하시리라"(빌 3:21) 한 "영화"입니다. "우리가 흙에 속한 자", 즉 아담의 "형상을 입은 것 같이 또한 하늘에 속한 이의 형상을 입으리라"(고전 15:49)고, 비교할 수도 없는 영광스런 구원인 것입니다.

본 설교는 여기서 완결이 된 것이 아니라 이어지는 다음 설교를 통해서 하나님의 마음과 사랑이 더욱 분명하게 드러나게 될 것입니다. 이것이 "첫 계명을 범함으로 무엇이 드러났는가?"입니다.

주 예수 날 사랑하시오니 마귀가 놀라서 물러가네
주 나를 이렇게 사랑하니 그 사랑 어떻게 보답할까
주께서 나를 사랑하니 즐겁고도 즐겁도다
주께서 나를 사랑하니 나는 참 기쁘다

Gustave Dore <Adam and Eve Are Driven out of Eden>

창세기 3:14-24절 분석도표

주제 : 문제에 대한 해답을 선언하신 하나님

<table>
<tr><td rowspan="13">하나님의 선고</td><td colspan="2">14-19</td></tr>
<tr><td>14</td><td>여호와 하나님이 뱀에게 이르시되 네가 이렇게 하였으니 네가 모든 가축과 들의 모든 짐승보다 더욱 저주를 받아 배로 다니고 살아 있는 동안 흙을 먹을지니라</td></tr>
<tr><td>15</td><td>내가 너로 여자와 원수가 되게 하고
네 후손도 여자의 후손과 원수가 되게 하리니
여자의 후손은 네 머리를 상하게 할 것이요
너는 그의 발꿈치를 상하게 할 것이니라 하시고</td></tr>
<tr><td>16</td><td>또 여자에게 이르시되 내가 네게 임신하는 고통을 크게 더하리니 네가 수고하고 자식을 낳을 것이며 너는 남편을 원하고 남편은 너를 다스릴 것이니라 하시고</td></tr>
<tr><td>17</td><td>아담에게 이르시되 네가 네 아내의 말을 듣고 내가 네게 먹지 말라 한 나무의 열매를 먹었은즉 땅은 너로 말미암아 저주를 받고 너는 네 평생에 수고하여야 그 소산을 먹으리라</td></tr>
<tr><td>18</td><td>땅이 네게 가시덤불과 엉겅퀴를 낼 것이라 네가 먹을 것은 밭의 채소인즉</td></tr>
<tr><td>19</td><td>네가 흙으로 돌아갈 때까지 얼굴에 땀을 흘려야 먹을 것을 먹으리니 네가 그것에서 취함을 입었음이라 너는 흙이니 흙으로 돌아갈 것이니라 하시니라</td></tr>
<tr><td rowspan="3">해답</td><td colspan="2">20-21</td></tr>
<tr><td>20</td><td>아담이 그의 아내의 이름을 하와라 불렀으니 그는 모든 산 자의 어머니가 됨이더라</td></tr>
<tr><td>21</td><td>여호와 하나님이 아담과 그의 아내를 위하여 가죽옷을 지어 입히시니라</td></tr>
<tr><td rowspan="4">쫓아내심</td><td colspan="2">22-24</td></tr>
<tr><td>22</td><td>여호와 하나님이 이르시되 보라 이 사람이 선악을 아는 일에 우리 중 하나 같이 되었으니 그가 그의 손을 들어 생명 나무 열매도 따먹고 영생할까 하노라 하시고</td></tr>
<tr><td>23</td><td>여호와 하나님이 에덴 동산에서 그를 내보내어 그의 근원이 된 땅을 갈게 하시니라</td></tr>
<tr><td>24</td><td>이같이 하나님이 그 사람을 쫓아내시고 에덴 동산 동쪽에 그룹들과 두루 도는 불 칼을 두어 생명 나무의 길을 지키게 하시니라</td></tr>
</table>

문제에 대한 해답을 선언하신 하나님

설교 작성노트

본문의 내용은 아담 하와가 죄를 범한 후에 하나님께서 유혹하여 타락케 한 뱀과, 아담과 하와에게 선고하시는 내용이다. 이점에서 두 가지 물음을 제기하게 되는데 첫째는 아담이 자기 아내의 이름을 "하와"라 했는데 추방을 당할 절망적인 상황에서 무슨 말씀을 듣고, "모든 산 자의 어머니"라는 소망을 말했는가 하는 점이고, 둘째는 하나님께서 아담과 하와에게 "가죽옷을 지어 입히신" 후에 추방하셨다는 구속사적인 의미를 증언하려는 것이 본 설교의 내용목적이다.

이를 통해서 복음의 뿌리를 깨닫고 성도들로 하여금 복음을 자랑하면서 감사하며 찬양하게 하려는 것이 적용목적이라 하겠다.

강론

본문은 인류의 시조를 유혹하여 타락하게 한 뱀과, 금령을 범한 아담과 하와에게 선고하시는 내용입니다. 먼저 뱀, 즉 사탄에게 하신 선고의 중심점은, "여자의 후손은 네 머리를 상하게 할 것이요"(15), 즉 여자의 후손에 의하여 멸망을 당하리라는 선고입니다. 여자에게 하신 선고의 중심점은, "해산의 고통"(16)에 있고, 아담에게 하신 선고의 중심점은, "너는 흙이니 흙으로 돌아갈 것이니라"(19) 하신 사망에 있습니다.

사도 바울은, "누가 주의 마음을 알아서 주를 가르치겠느냐 그러나 우리가 그리스도의 마음을 가졌느니라"(고전 2:16)고 말씀합니다. 그러므로 본문에서도 문자(文字)만을 볼 것이 아니라 그 이면(裏面)에 함의되어 있는 하나님의 마음, 즉 문제에 대한 해답을 깨닫는 것이 중요합니다.

㉠ 먼저 사탄에게 하신 선고를 살펴보겠습니다. 핵심은, "여자의 후손은 네 머리를 상하게 할 것이라"는 선고인데 이는 사탄이, "여자의 후손"에 의하여 멸망을 당하게 되리라는 선고입니다. 사탄은 자신이 "여자의 후손"에 의하여 멸망을 당하게 되리라는 점을 창세기 3장에서 선고를 받은 자입니다. 그러므로 성경 역사는 여자의 후손을 보내시려는 하나님의 이루심과 이를 지속적으로 대적하는 싸움의 역사인 것입니다.

이 선고가 사탄에게는 심판이지만 인간 편으로 보면 "죽음의 세력을 잡은 자 곧 마귀"(히 2:14)로부터 해방을 의미합니다. 그래서 창세기 3:15절을 "원시복음"이라고 말하는데, "내가---하리라", 즉 하나님께서 해결해주시겠다는 구조로 되어 있습니다. 원시복음은 3마디로 되어 있는

데 이후로는,

첫째로, "여자의 후손과, 뱀의 후손" 두 부류로 갈라지게 되고,

둘째는 두 부류 사이에는 "원수", 즉 싸움이 있게 되는데,

셋째로 여자의 후손이 사탄의 머리를 상하게 함으로 승리하게 된다
는 선고입니다.

"점이 움직이면 선이 되다"고 말합니다. 원복음이라는 작은 점이 인
류를 구원하는 위대한 역사를 이루게 되는데 이 점이 움직여, "이루었도
다 나는 알파와 오메가요 처음과 마지막이라"(계 21:6)고 선언하시는 계
시록까지 뻗혀 있는 구속사라는 선(線)이 되는 것입니다.

ⓒ 다음은 여자에게 하신 선고인데 핵심은, "내가 네게 임신하는 고통
을 크게 더하리니" 하십니다. "여자와, 해산의 고통"이라는 주제를 구속
사(救贖史)라는 맥락으로 보게 되면 "여자"는 교회를 상징합니다. 계시
록에서, "용이 해산하려는 여자 앞에서 그가 해산하면 그 아이를 삼키고
자 하더니 여자가 아들을 낳으니 이는 장차 철장으로 만국을 다스릴 남
자라"(계 12:4-5) 한 말씀에 분명히 나타납니다.

이런 맥락에서 "해산의 고통"이라는 구속사적인 의미는, "이 여자가
아이를 배어 해산하게 되매 아파서 애를 쓰며 부르짖더라"(계 12:2)는
말씀과 결부가 된다 하겠습니다. 구약의 역사는 "여자의 후손", 즉 그리
스도를 해산하려는 진통의 역사였기 때문입니다.

그 이후의 교회역사도 한 명의 그리스도인이 태어나기 위해서는, "그
리스도 예수 안에서 내가 복음으로써 너희를 낳았음이라(고전 4:15), 나
의 자녀들아 너희 속에 그리스도의 형상을 이루기까지 다시 너희를 위

하여 해산하는 수고를 하노니"(갈 4:19) 한, 해산의 고통이 따르게 되었던 것입니다.

ⓒ 다음은 아담에게 하신 선고인데 핵심은, "너는 흙이니 흙으로 돌아갈 것이니라"(19) 한 "사망"입니다. "네가 먹는 날에는 반드시 죽으리라" 하신 "죽음"에는 세 가지 방면이 있습니다. 첫째로 영적인 죽음인데 이는 생명의 근원이 되시는 하나님과의 분리를 의미하고, 둘째로 육적인 죽음은 육과 영의 분리요, 셋째로 영원한 죽음은, "한번 죽는 것은 사람에게 정해진 것이요 그 후에는 심판이 있으리니"(히 9:27) 한, 영원한 멸망을 가리킵니다.

하나님의 선고는 3:19절에서 끝이 나는데 하나님의 말씀을 들은 아담은, "그의 아내의 이름을 하와라 불렀다"(20)고 말씀하면서, "하와"라는 의미가 "산 자의 어머니"(20)라는 뜻이라고 해설까지 해주고 있습니다.

금단의 열매를 먼저 따먹고 남편에게까지 준 장본인은 아담의 아내입니다. 그리하여, "모든 죽은 자의 어미"가 되어야 할 자인데 어떻게 "모든 산 자의 어미"가 된다는 말인가? 하나님 앞에서 추방을 당할 절망적인 상황에서 하나님의 선고를 들은 아담이 자신의 아내를 "하와"라 이름했다는 것은 엄청난 깨달음이요, 환성이요, 곧 복음이었던 것입니다.

아담은 아내에게 이렇게 말한 셈입니다. "여보, 하나님께서 〈여자의 후손〉을 보내셔서 우리를 유혹한 뱀의 머리를 상하게 하리라 하시는 선고를 들었지, 당신은 생명의 어미요." 아담은 첫째로 원복음의 내용을 인식하고, 둘째로 시인을 한 것입니다.

성경은 문제에 대한 해답입니다. 문제는 언제나 인간이 일으키고 해답은 하나님께서 행해주시는데 "여자의 후손", 즉 "때가 차매 하나님이 그 아들을 보내사 여자에게서 나게 하시어"(갈 4:4) 대속제물이 되게 하심으로 해결해주셨던 것입니다.

아담이 인식한 "산 자의 어머니"가 어떻게 계승되고 있는가를 구속사의 맥락을 추격해 보면 하나님께서 아브라함에게, "네 아내 사래는 이름을 사래라 하지 말고 사라라 하라", 즉 "그를 여러 민족의 어머니가 되게 하리니"(17:15-16) 하신 것으로 계승이 되고, 리브가에게, "너는 천만인의 어머니가 될지어다"(24:60) 한 것으로 계승이 되는 맥락인 것입니다.

이런 맥락에서 아담은 처음으로 죄를 범한 자요, 처음으로 죄를 자백한 자요, 처음으로 복음을 듣고 인식하고 시인을 한 자라 할 수가 있습니다. 그리하여 아담으로부터 원시복음이 계승이 되어 내려온 것입니다.

더욱 중요한 점은, "산 자의 어머니"가, "여호와 하나님이 아담과 그의 아내를 위하여 가죽옷을 지어 입히시니라"(21) 한, "가죽옷"으로 이어지고 있다는 점입니다. 이점에서 몇 가지 물음을 제기하게 되는데,

㉠ 첫째 물음은 어찌하여 그냥 "옷"이라 하지 않고"가죽옷"이라고 특정적으로 말씀하는가 하는 점입니다. 이는 무심한 표현도 아니요, 육적인 의미도 아닌 것입니다. 가죽으로 옷을 만들기 위해서는 짐승이 희생이 되어야 하는 것입니다. 죄는 아담 하와가 범했는데 그들의 벌거벗은 수치를 가려주기 위해서 생축이 피를 흘리고 죽임을 당했다는 점을 드러내고 있는 것입니다.

출애굽 당시도 이스라엘 집에서도 죽음은 있었습니다. 다만 유월절 어린 양이 대신 죽었을 뿐입니다. 당시는 본문의 "가죽옷"이, 대문에 뿌

려진 "피"로 나타나고 있는데 성경은 "피 흘림이 없은즉 사함이 없느니라"고 선언합니다.

ⓛ 두 번째 물음은 아담이, "벌거벗었다"(10)는 고백을 하지 않았어도 가죽옷을 지어 입혀주셨겠느냐는 점입니다. 아닙니다. 누가복음 18장에는 바리새인과 세리의 기도하는 장면이 있습니다. 바리새인은, "나는 다른 사람들 곧 토색, 불의, 간음을 하는 자들과 같지 아니하고 이 세리와도 같지 아니함을 감사하나이다", 즉 벌거벗지 않았다고 자기 자랑만을 늘어놓았습니다.

그러나 세리는, "멀리 서서 감히 눈을 들어 하늘을 쳐다보지도 못하고 다만 가슴을 치며 이르되 하나님이여 불쌍히 여기소서 나는 죄인이로소이다", 즉 "내가 벗었으므로 두려워하여 숨었나이다" 한 것입니다. 주님은, "내가 너희에게 이르노니 이에 저 바리새인이 아니고 이 사람이 의롭다 하심을 받고 그의 집으로 내려갔느니라"(눅 18:9-14)고 말씀하십니다. 어찌하여 사람들이 의롭다함을 얻지 못하는가? 벌거벗었음을 모르고 고백하지 않기 때문입니다.

그러므로 성경은, "벌거벗음"을 심각하게 다루고 있음을 대하게 됩니다. 방주에서 나온 노아가, "포도주를 마시고 취하여 그 장막 안에서 벌거벗은지라"(9:21)고 벌거벗은 모습을 보여주고 있습니다. 누구와 같은 모습인가? 아담 하와의 모습입니다. 구약시대에 가장 수고를 많이 한 사람은 노아라 할 수가 있는데 그런 노아라도 하나님 앞에서는 벌거벗은 자에 불과하다, 즉 자력구원의 불가능성을 드러내고 있는 것입니다.

"가죽옷을 지어 입히시니라"는 주제를 구속사라는 맥락으로 추적해

보면 노아는 가림을 받고는, "셈의 하나님 여호와를 찬송하리로다"(창 9:26), 즉 그리스도를 셈의 줄기로 보내서서 우리의 벌거벗은 수치를 가려주실 하나님을 찬양하고 있습니다. 다윗도, "허물의 사함을 받고 자신의 죄가 가려진 자는 복이 있도다"(시 32:1)고, "가려주심"의 복을 진술합니다. 이런 맥락에서 아담은 처음으로 죄를 범한 자요, 처음으로 죄를 자백한 자요, 처음으로 복음을 듣고 시인하고, 벌거벗은 수치를 가림을 받은 자라는 놀라운 깨달음에 이르게 되는 것입니다.

이제 마지막으로 중요한 요점을 말씀드려야만 하겠습니다. 그것은 가죽옷을 지어 입혀주신 후에, "이같이 하나님이 그 사람을 쫓아내시고 에덴동산 동쪽에 그룹들과 두루 도는 불 칼을 두어 생명나무의 길을 지키게 하시니라"(24)고 말씀하고 있기 때문입니다. 쫓아내실 것이면 그냥 쫓아내시지 어찌하여 "가죽옷을 지어"입혀주신 후에 쫓아내셨는가? 이렇게 하신 하나님의 마음이 무엇인가 하는 점입니다.

구약성경에는 두 번 추방을 당하는 것이 등장하는데 첫 번은 하나님의 말씀보다 사탄의 말을 추종한 아담 하와가 에덴에서 추방을 당한 일이고, 두 번째는 메시아언약을 버리고 우상을 숭배한 이스라엘이 바벨론으로 추방을 당한 사건입니다. 선민 이스라엘을 바벨론으로 추방하실 때 하신 말씀을 통해서 "가죽옷"을 지어 입히신 후에 추방하시는 하나님의 마음을 깨달을 수가 있는 것입니다.

"여호와께서 이와 같이 말씀하시니라 바벨론에서 칠십 년이 차면 내가 너희를 돌보고 나의 선한 말을 너희에게 성취하여 너희를 이곳으로 돌아오게 하리라"(렘 29:10) 하십니다.

그러니까 추방이 끝이 아니라 "돌아오도록" 행해주시겠다 하십니다. 어떻게 돌아오게 하시려는가? "여호와의 말씀이니라 보라 날이 이르리니 내가 이스라엘 집과 유다 집에 새 언약을 맺으리라"(렘 31:31)하신, "새 언약"을 통해서 돌아오게 하시겠다 하십니다. "여호와의 말씀이니라 너희를 향한 나의 생각을 내가 아나니 평안이요 재앙이 아니니라 너희에게 미래와 희망을 주는 것이니라"(렘 29:11) 하십니다.

무슨 뜻인지 이해하셨습니까? "가죽옷을 지어 입혀서" 추방하시는 것이 끝이 아니라, 때가 되면 "가죽옷", 즉 의의 옷을 입혀서 돌아오게 하시겠다는 "복음, 소망"이 함의되어 있다는 놀라운 깨달음을 얻게 되는 것입니다.

어떻게 돌아오게 하시려는가? "때가 차매 하나님이 그 아들을 보내사 여자에게서 나게 하시고"(갈 4:4), 즉 그리스도의 구속으로 말미암아 "의롭다하심", 본문의 표현대로 하면 벌거벗은 자들에게 "가죽옷을 지어 입혀서" 돌아오게 하시겠다는 말씀인 것입니다.

이점을 밝히 드러난 신약성경에서는, "모든 사람이 죄를 범하였으매 하나님의 영광에 이르지 못하더니 그리스도 예수 안에 있는 속량으로 말미암아 하나님의 은혜로 값없이 의롭다 하심을 얻은 자 되었느니라"(롬 3:23-24)고 말씀합니다. "의롭다 하심", 즉 칭의(稱義)는 하나님의 어린 양을 십자가에 못을 박으시고 가죽을 벗기듯 해서 지어주신 것입니다. 이것이 속량으로 말미암아 라는 뜻입니다.

그래서 바울 사도는, "이제는 율법 외에 하나님의 한 의가 나타났으니 율법과 선지자들에게 증거를 받은 것이라"(롬 3:21)고 외쳤던 것입니다. "하나님의 의"(가죽옷)가 나타났는데 임기응변으로 된 것이 아니라, "율법과 선지자", 즉 구약성경을 통해서 예표와 그림자로 계시하신 것이 실체로 나타난 것이라고 선언한 것입니다.

참으로 하나님의 사랑과 은혜를 깨닫게 된 우리는 어떤 자들이 되어야 마땅합니까? 그래도 복음을 부끄러워할 것입니까? 자기 아들의 구속으로 말미암아 이루어주신 복음을 자랑하면서 감사하며 찬양하며 기뻐해야 마땅한 것입니다. 이것이 "문제에 대한 해답을 선언하신 하나님"입니다.

> 바라던 천국 올라가 하나님 앞에 뵈올 때
> 구주의 의를 힘입어 어엿이 바로 서리라
> 주 나의 반석이시니 그 위에 내가 서리라
> 그 위에 내가 서리라

로마서 5:12-21절 분석도표

주제 : 더욱 넘치는 하나님의 은혜

<table>
<tr><td rowspan="3">죄가 들어옴</td><td>**12-14**</td></tr>
<tr><td>12 그러므로 **한 사람으로 말미암아** 죄가 세상에 들어오고 죄로 말미암아 사망이 들어왔나니
이와 같이 **모든 사람이 죄를 지었으므로** 사망이 모든 사람에게 이르렀느니라
13 죄가 율법 있기 전에도 세상에 있었으나 **율법이 없었을 때에는 죄를 죄로 여기지**
아니 하였느니라
14 그러나 아담으로부터 모세까지 아담의 범죄와 같은 죄를 짓지 아니한 자들까지도
사망이 왕 노릇 하였나니 **아담은 오실 자의 모형이라**</td></tr>
</table>

15-19

15 그러나 이 은사는 그 범죄와 같지 아니하니 곧 **한 사람의 범죄를 인하여** 많은 사람이 죽었은즉
더욱 하나님의 은혜와

또한 **한 사람 예수 그리스도의 은혜로** 말미암은 선물은 많은 사람에게 **넘쳤느니라**
16 또 이 선물은 범죄한 **한 사람으로 말미암**은 것과 같지 아니하니
심판은 한 사람으로 말미암아 정죄에 이르렀으나
은사는 많은 범죄로 말미암아 **의롭다 하심에 이름이니라**
17 한 사람의 범죄로 말미암아 사망이 그 **한 사람을 통하여** 왕 노릇 하였은즉
더욱 은혜와 의의 선물을 **넘치게 받는 자들은 한 분 예수 그리스도를 통하여**
생명 안에서 왕 노릇 하리로다
18 그런즉 한 범죄로 많은 사람이 정죄에 이른 것 같이
한 의로운 행위로 말미암아 많은 **사람이 의롭다 하심을 받아** 생명에 이르렀느니라
19 한 사람이 순종하지 아니함으로   많은 사람이 죄인 된 것 같이
한 사람이 순종하심으로   많은 사람이 의인이 되리라

은혜로 막아주심

20-21

20 율법이 들어온 것은 범죄를 더하게 하려 함이라

그러나 죄가 더한 곳에 은혜가 더욱 넘쳤나니

21 이는 죄가 사망 안에서 왕 노릇 한 것 같이

은혜도 또한 의로 말미암아 왕 노릇 하여
우리 주 예수 그리스도로 말미암아 **영생에 이르게 하려 함이라**

율법이 들어옴

더욱 넘치는 하나님의 은혜

설교 작성노트

본문은 구속사를 이해하는데 있어서 절대적인 정보를 제공해주는 내용이다. 로마서 5:12-21절은 도표에 표시된 대로 "죄가 들어오고, 은혜가 들어오고, 율법이 들어오는" 구조로 되어 있다. 죄가 들어오자 하나님께서는 즉각적으로 은혜로 막아주셨다. 그런 후에 "율법"을 가입하셨다. 왜냐하면 율법이 없으면 죄를 모르고, 죄를 모르면 "은혜"를 모르기 때문이다. "그러나 죄가 더한 곳에 은혜가 더욱 넘쳤나니" 라고 말씀한다. 그러므로 본 설교의 내용목적은 창세기 3:15절, 즉 원복음에 대한 해설이라 할 수가 있다.

사탄은 이제도 하나님의 백성들을 공격하고 있으며, 우리가 구원을 얻었으나 육신에는 죄의 요소가 있어서 자주 실수하고 넘어진다. 그리하여 죄책감에 시달리게 된다. 그런 우리를 벌떡 일어나게 하는 말씀이 "그러나 죄가 더한 곳에 은혜가 더욱 넘쳤나니", 즉 그 때마다 하나님께서는 은혜로 막아주신다는 "오직 은혜"임을 깨닫게 하여 점진적으로 그리스도를 닮아가는 삶을 살아가게 하려는 것이 적용목적이라 할 것이다.

강론

본문을 관찰해 보면, "죄가 들어오자(12), 은혜가 들어오고(15), 율법이 들어오는"(20) 구조(構造)로 되어 있음을 깨닫게 됩니다. 좀 더 설명을 한다면, "죄가 들어오자", 하나님께서 "은혜로 막아주셨는데"(15) 이 은혜(恩惠)가 원복음인 것입니다. 그런 후에, "율법이 들어온 것은"(20) 하고 율법이 들어왔다 하는 것은 시내산에서 모세를 통하여 베푸신 "율법"을 가리킵니다.

그러니까 성경의 전체적인 구조는 죄가 들어오자 하나님께서, "여자의 후손은 네 머리를 상하게 할 것이라"(창 3:15) 하신 원복음(은혜)으로 막아주시고 이 원복음의 은혜가, "은혜와 진리는 예수 그리스도로 말미암아 온 것이라"(요 1:17) 하는, 그리스도로 성취시켜주신 구조입니다.

그런데 원복음의 "은혜(창 3:15)와, 복음서의 은혜"(요 1:17) 사이에 "율법은 모세로 말미암아 주어진 것이요"(요 1:17) 하는, "율법을 가입"(加入)하신 것입니다. 왜 "율법"을 가입하셨는가? "율법이 없었을 때에는 죄를 죄로 여기지 아니 하였느니라"(13), 즉 "죄"를 모르고, 죄를 모르면 하나님께서 베푸시는 "은혜"(恩惠)를 모르기 때문입니다.

그런데 놀라운 것은, "그러나 이 은사는 그 범죄와 같지 아니하니" 하면서, "더욱 하나님의 은혜와 또한 한 사람 예수 그리스도의 은혜로 말미암은 선물은 많은 사람에게 넘쳤느니라"(15)고, 죄보다 은혜가 "더욱 넘쳤다"고 말씀한다는 점입니다. 15절을 주목해보시기를 바랍니다. "죄"는 하나가 들어왔는데 은혜는, "하나님의 은혜와, 예수 그리스도의 은혜", 둘의 은혜로 막아주셨다는 것입니다. 무슨 뜻인가?

죄가 들어오자 하나님께서는, "내가---하리라"고 선언하셨는데 이것이 무가치한 자들에게 베푸시는, "하나님의 은혜"였던 것입니다. 어떻게 행해주신다 하시는가? "여자의 후손은 네 머리를 상하게 할 것이라", 즉 "여자의 후손"을 통해서 행해주시겠다 하시는데 이것이 "예수 그리스도의 은혜"인 것입니다.

"죄"는 하나가 들어왔는데 "은혜"는, "하나님의 은혜+ 예수 그리스도의 은혜"인 둘이 들어왔다는 말씀입니다. 이것이 원복음이라 말하는 창세기 3:15절에 대한 해설인 것입니다.

죄가 들어오자 은혜로 겨우 상쇄(相殺)해주신 것이 아닙니다. 본문에는 "더욱"(9, 10, 15, 17, 20)이라는 말과, "넘친다"(15, 17, 20)는 말이 강조되어 있는데, "그러나 죄가 더한 곳에 은혜가 더욱 넘쳤나니"(20) 합니다.

구속의 역사란 다름 아닌 "죄"가 파상적으로 공격해 오는 것을 "더욱 넘치는 은혜"로 막아주신 역사인 것입니다. 그 절정이 그리스도를 십자가에 못을 박아 죽인 사건인데, 사탄은 그리스도를 십자가에 못을 박아 죽이고는 자신이 승리한 줄로 알았으나 하나님께서는 삼 일만에 죽은 자 가운데서 부활하게 하심으로 만민의 구주가 되게 하셨습니다. "죄가 더한 곳에 은혜가 더욱 넘치게"(20) 하셨던 것입니다.

이제 12절을 보시기 바랍니다. "그러므로 한 사람으로 말미암아 죄가 세상에 들어오고 죄로 말미암아 사망이 들어왔나니 이와 같이 모든 사람이 죄를 지었으므로 사망이 모든 사람에게 이르렀느니라"고 말씀합니다.

이는 구속사를 이해하지 못하고는 깨달을 수 없는, 즉 논리적으로는 맞지 않는 진술입니다. 왜냐하면 "한 사람으로 말미암아 죄가 세상에 들어왔다" 하면서 동시에, "모든 사람이 죄를 지었다"고 말씀하기 때문입니다.

사도는 이를 깨닫게 하기 위해서, "아담은 오실 자의 모형이라"(14하)고 설명을 합니다. "오실 자"란 그리스도를 가리키는데 아담이 어떤 면에서 그리스도의 모형, 즉 예표인가? 여기에는 유사성(類似性)과 상이성(相異性)이 있는데, 먼저 유사성입니다.

㉠ 인류의 "시조, 대표"라는 점이 유사성입니다. 아담은 인류의 첫 시조요 대표자였고, 그리스도는 새로운 대표자로 오셨고, 새로운 피조물, 즉 거듭난 자들의 시조가 되신 것입니다. 이점을 드러내기 위해서 본문 안에는 "한 사람"이라는 말이 12번이나 등장합니다. "한 사람으로 말미암아 죄가 세상에 들어오고"(12) 합니다. 어찌하여 "아담으로 말미암아 죄가 들어왔다"하지 않고 "한 사람"이라 하는가?

아담은 개인의 신분으로 죄를 범한 것이 아니라 인류의 대표자로써 죄를 범했다는 점을 드러내기 위해서인 것입니다. 그래서 "한 사람으로 말미암아 죄가 세상에 들어오고" 한 후에, "모든 사람이 죄를 지었으므로 사망이 모든 사람에게 이르렀느니라"(12)는 논리가 성립이 되는 것입니다.

아담의 대표성을 입증하기 위해서, "아담으로부터 모세까지 아담의 범죄와 같은 죄를 짓지 아니한 자들까지도 사망이 왕 노릇 하였다"(14)고 말씀하는데, 무슨 뜻인가? "왕 노릇"이란 지배(支配)한다는 뜻인데, 아담과 같은 죄를 짓지 아니한 사람들도 죽었습니다. 즉 죽음이 지배 했다는 것은 아담이 인류의 대표자로 죄를 범했다는 증거라는 것입니다.

ⓛ 반면 예수 그리스도께서 십자가에 달려 죽으신 것은, 원죄 하에 있는 자들의 대표자로써 대신 담당하신 대속적인 죽음이었다는 것입니다. 그리하여 "죽기를 무서워하므로 한평생 매여 종노릇 하는 모든 자들을 놓아주시는 것"(히 2:15)이 가능했다는 것입니다.

이처럼 "대속교리는, 원죄교리"와 대칭을 이루고 있는데 원죄교리에 확고하지 못하면 구속교리에도 불확실 하게 되는데 이점이 현대교회의 실상인 것입니다. 이것이 유사성이요, 그래서 "아담은 오실 자의 모형이라" 한 것입니다.

다음은 상이(相異)성인데 두 대표자의 "불순종과, 순종"으로 말미암아 인류에게 끼치게 된 영향력은 전연 다르다는 것입니다. 이점을 "아담은 오실 자의 모형이라" 한 후에, "그러나" 하고 뒤집은 후에, 15-19절을 통해서 두 대표자가 끼친 상이성을 대조시켜 반복적으로 강조하는 것입니다.

ⓖ "그런즉 한 범죄로 많은 사람이 정죄에 이른 것 같이 한 의로운 행위로 말미암아 많은 사람이 의롭다 하심을 받아 생명에 이르렀느니라"(18)고, 첫 대표자는 인류에게 "정죄"를 물려준 반면 새로운 대표자는 "의롭다 하심"을 주셨다고 대조시키고 있습니다.

㉡ 19절은 결론이라 할 수가 있는데, "한 사람이 순종하지 아니함으로 많은 사람이 죄인 된 것 같이 한 사람이 순종하심으로 많은 사람이 의인이 되리라" 합니다. 이것이 다른 점입니다.

그런데 20절에서는, "율법이 들어온 것은" 하고 율법이 들어옵니다. 왜 율법을 가입하셨는가? "범죄를 더하게 하려 함이라", 즉 죄를 드러내기 위해서라 합니다. 그런데 죄를 드러내는 것이 끝이 아니라, "그러나 죄가 더한 곳에 은혜가 더욱 넘쳤나니" 하고 선언합니다. 본문에는 "그러나"가 3번(14, 15, 20) 등장하는데, "그러나"는 앞의 진술을 단번에 뒤집어 버립니다.

14절의 "그러나"는, 아담과 "오실 자"가 다르다는 점을 선언하는 "그러나"요,

15절의 "그러나"는, 죄는 하나가 들어왔지만 은혜는 둘이 들어왔다는 점을 선언하는 "그러나"요,

20절의 "그러나"는, 죄를 깨달을수록 "은혜는 더욱 넘친다"는 점을 선언하는 "그러나"인 것입니다.

그리스도인이란 넘어졌다가도 "그러나 죄가 더한 곳에 은혜가 더욱 넘쳤나니" 하고, 더욱 넘치는 은혜의 능력을 믿고 벌떡 일어나는 사람들입니다. 승리의 비결은, "그러나" 하고 자신이 범한, "죄"를, 하나님의 "은혜"로 뒤집어 버릴 줄을 아는 것입니다.

21절은 5:12절로부터 시작이 되는 문단의 총 결론에 해당이 되는데, "이는 죄가 사망 안에서 왕 노릇 한 것 같이 은혜도 또한 의로 말미암아 왕 노릇 하여 우리 주 예수 그리스도로 말미암아 영생에 이르게 하려 함

이라"(21)고 마치고 있습니다.

한 절 안에, "좌와, 은혜"라는 두 "왕"이 있습니다. "왕 노릇"하기 위해서는 권세가 있어야 하는데 "죄와, 은혜"는 각각 무슨 권세로 왕 노릇을 하는가?

㉠ "죄", 즉 사탄은 "사망"(死亡)이라는 무시무시한 권세로 왕 노릇한다 합니다. 그래서 사람들은 사망 앞에서 두려워하는 것입니다. 만일 죄에게 "사망"이라는 권세가 없다면 죄도 무서울 것이 없는 것입니다.

㉡ 그러면 "은혜", 즉 그리스도는 무슨 권세로 왕 노릇하시는가? "의로 말미암아 왕 노릇한다"고 말씀합니다. 무슨 뜻인가? 예수 그리스도를 구주로 영접하는 자는 어떤 흉악한 죄인이라도 의롭다고 여겨주시는 권세가 있다는 것입니다.

그러면 형제는 예수 그리스도에게 의롭다고 여겨주시는 권세가 어떻게 해서 주어졌는지 말해줄 수가 있습니까? "그리스도 예수 안에 있는 속량으로 말미암아"(롬 3:24), 즉 죽으시고 다시 사심을 통해서 의롭다고 여겨주시는 권세가 주어진 것입니다. 만일 "은혜", 즉 예수 그리스도에게 "의롭다"고 여겨주는 권세가 없다면 예수님도 우리에게 별 도움이 되지 못할 것입니다.

마지막으로 주목할 말씀은 본 문단(5:12-21) 안에는 "왕 노릇 한다"는 말이 5번(14, 17, 17, 21, 21)이나 강조되어 있다는 점입니다. "왕 노릇"은 지배한다는 뜻인데 누가 왕 노릇한다고 말씀하는가?

㉠ 17절 안에는 "왕 노릇"이 두 번 등장하는데 먼저는, "사망(死亡)이 그 한 사람을 통하여 왕 노릇 하였다", 즉 죄가 들어옴으로 사망이 모든

사람을 지배하게 되었다는 것입니다. 그래서 사람들은 죽음 앞에 두려 워 떠는 것입니다.

ⓝ 그런데 사도는 여기서 끝이는 것이 아니라, "더욱 은혜와 의의 선 물을 넘치게 받은 자들은 한 분 예수 그리스도를 통하여 생명 안에서 왕 노릇 하리로다"(17하)고 더 나아가고 있습니다. 그러면 두 번째 "왕 노 릇"은 누가 하는 왕 노릇인가? "더욱 넘치는 은혜"를 입은 성도들 곧 우 리들이 왕 노릇한다는 말씀입니다.

그러니까 그리스도인들이란 세상이나 환경이나 심지어 사망의 권세 에게 까지도 지배를 받는 것이 아니라, 도리어 지배를 하는 자들이라는 말씀입니다. 바울은 죽음 앞에서 벌벌 떨고 있었던 것이 아니라, "사망 아 너의 승리가 어디 있느냐 사망아 네가 쏘는 것이 어디 있느냐"(고전 15:55)고 호통을 치는 것을 봅니다. 어떻게 이럴 수가 있는가? "더욱 은 혜와 의의 선물을 넘치게 받았기"때문인 것입니다.

그래서 그리스도인들을 가리켜, "이런 사람은 세상이 감당하지 못하 느니라"(히 11:38)고 말하는 것입니다. 형제가 "왕 노릇" 하는 사람 곧 그 리스도인이라는 정체성을 망각하지 마시기를 기원합니다. 이것이 "더 욱 넘치는 하나님의 은혜"입니다.

우리 받은 주님 은혜 한량없도다.

주님께 영광 할렐루야

기쁜 찬송 부르면서 천국 가겠네

주님께 영광 할렐루야

하나님의 자녀여 크게 찬송 부르며

밝고 거룩한 길로 기쁨으로 나아가

주의 보좌 앞으로 속히 들어가겠네

주님께 영광 할렐루야

히브리서 2:12-18절 분석도표

주제 : 여자의 후손이 사탄의 머리를 상하게 하는 방도

<table>
<tr>
<td rowspan="1">선포와 찬양</td>
<td>

12-13

12 이르시되 내가 주의 이름을 내 형제들에게 **선포하고** 내가 주를 교회 중에서 **찬송하리라** 하셨으며

13 또 다시 내가 그를 의지하리라 하시고
　또 다시 볼지어다 나와 및 하나님께서 내게 주신 자녀라 하셨으니

</td>
</tr>
<tr>
<td rowspan="1">마귀를 멸하심</td>
<td>

14-16

14 자녀들은 혈과 육에 속하였으매 그도 또한 **같은 모양으로 혈과 육을 함께 지니심은**

죽음을 통하여 죽음의 세력을 잡은 자 곧 마귀를 멸하시며

15 또 죽기를 무서워하므로 한평생 매여 종노릇 하는 **모든 자들을 놓아 주려 하심이니**
16　이는 확실히 천사들을 붙들어 주려 하심이 아니요
　오직 아브라함의 자손을 붙들어 주려 하심이라

</td>
</tr>
<tr>
<td rowspan="1">속량하심</td>
<td>

17-18

17 그러므로 그가 범사에 형제들과 같이 되심이 마땅하도다
　이는 하나님의 일에 자비하고 신실한 **대제사장이 되어**
　백성의 죄를 속량하려 하심이라
18 그가 시험을 받아 고난을 당하셨은즉 시험 받는 자들을 능히 도우실 수 있느니라

</td>
</tr>
</table>

여자의 후손이 사탄의 머리를 상하게 하는 방도

설교 작성노트

사탄의 미혹으로 말미암아 세상에 죄가 들어오자 하나님께서는, "내가, 여자의 후손으로 네 머리를 상하게 하리니" 라고 선언하셨다. 이를 원복음이라 하는데 그리스도인이라면 누구나 다 아는 말씀이다. 그런데 문제는 여자의 후손이 사탄의 머리를 상하게 하는 방도(方途)가 무엇인가 하는 점에는 불확실하다는 점이다. 왜냐하면 성경을 구속사라는 선(線)으로 보지 않고 점들의 모임인 양 단편적으로 취급했기 때문이다. 본 설교의 내용목적은 사탄의 머리를 상하게 하는 방도를 증언하여 밝히 깨닫게 하려는데 있다.

그리하여 그리스도께서 담당하신 십자가 고난이 원복음에 이미 함의되어 있었다는 복음의 뿌리를 깨닫게 하여 하나님의 은혜의 복음을, "선포하고, 찬양"(12)하면서 주님과 함께 영광을 받기 위해서는 고난도 함께 받아야 한다는 점이 적용목적인 것이다.

"하나님이 지으신 그 모든 것을 보시니 보시기에 심히 좋았더라"(창 1:31) 한 세상에, "한 사람으로 말미암아 죄가 세상에 들어오고 죄로 말미암아 사망이 왔다"(롬 5:12)고 말씀합니다. 문제가 발생한 것입니다. 하나님께서는 뱀 곧 사탄을 향해서, "내가 너로 여자와 원수가 되게 하고 네 후손도 여자의 후손과 원수가 되게 하리니 여자의 후손은 네 머리를 상하게 할 것이요 너는 그의 발꿈치를 상하게 할 것이니라"(창 3:15)고 선고하심으로 문제에 대한 해답을 제시하셨습니다.

그런데 하나님께서는 여자의 후손이 사탄의 머리를 어떤 방도로 상하게 하실 것인가 하는 점은 말씀하시지 않으셨던 것입니다. 사도 바울은 복음을 "감추어졌던 하나님의 지혜, 비밀(고전 2:7)이라고 정의하는데 사탄의 머리를 상하게 하는 방도가 감추어졌던 하나님의 지혜요, 비밀이었던 것입니다. 복음이 밝히 드러난 신약성경에서는 "감추어졌던 복음의 비밀"에 대하서, "자녀들은 혈과 육에 속하였으매 그도 또한 같은 모양으로 혈과 육을 함께 지니심은"(12), 즉 "때가 차매 하나님이 그 아들을 보내사 여자에게서 나게 하시고"(갈 4:4) 라고 말씀합니다.

어찌하여 육신을 입고 오셨는가? "죽음을 통하여"(히 2:14중), 즉 죽으시기 위해서 라는 것입니다. 왜 죽으셔야만 했는가? 하나님께서 "네가 먹는 날에는 반드시 죽으리라"(창 2:17), 즉 죄 값은 사망이라고 선언을 하셨기 때문에 우리 대신 죽으시기 위해서인 것입니다.

우리의 구원은 말씀이 육신을 입고 임마누엘 하신 것으로 가능해진 것도, 오병이어나, 죽은 나사로를 살리신 기사이적으로 이루어진 것이 아니라 우리 대신 죽어주셨다는 십자가 사건으로 가능하여졌다는 점에 확고해야만 하는 것입니다.

하나님은 한 번 발하신 금령(禁令)을 철회하실 수가 없는 것입니다. 이에 빛을 비춰주는 기사가 다니엘서 6:15절에 있는데, 다리오 왕은 간신들의 올무에 걸려 죽게 된 다니엘을 구원하려 합니다. 그러자 간신들은, "왕이여 메대와 바사의 규례를 아시거니와 왕께서 세우신 금령과 법도는 고치지 못할 것이니이다" 하고 참소를 합니다.

메대와 바사의 규례를 고치지 못한다면 의로우신 하나님께서 한 번 발하신 금령을 폐하실 수가 있단 말인가? 성경은, "이는 하나님이 거짓말을 하실 수 없는 이 두 가지(언약과, 맹세) 변하지 못할 사실"(히 6:18)이라고 말씀합니다.

어찌하여 하나님의 말씀은 고칠 수가 없고, 변해서도 안 되는지 아십니까? 첫째는 하나님의 의로우심, 진실하심 때문이요, 둘째는 만일 변경을 하신다면 성경, 즉 하나님의 다른 말씀도 믿을 수가 없는 것이 되기 때문입니다. "천지는 없어질지언정 내 말은 없어지지 아니하리라"(마 24:35) 하십니다.

그런데 간신들처럼, "하나님, 먹으면 반드시 죽으리라고 선언하셨지요. 법대로 행해주셔야 하지 않습니까?" 하고, "하나님 앞에서 밤낮 참소하던 자"(계 12:10)가 사탄인 것입니다. 하나님께서는, "자기 아들을 죄 있는 육신의 모양으로 보내어 육신에 죄를 정하사, 율법의 요구가 이루어지게"(롬 8:3, 4), 즉 말씀하신 법대로 행해주셨던 것입니다. 이것이 십자가 사건인 것입니다.

10절을 보십시오. "합당하도다"고 말씀합니다. 무엇이 합당(合當)하다는 말인가? "많은 아들들을 이끌어 영광에 들어가게 하시는 일에 그들의 구원의 창시자를 고난을 통하여 온전하게 하심이 합당하다"는 말씀입니다. 이점을 로마서 3:26절에서는, "곧 이 때에", 즉 자기 아들을 대속 제물로 십자가에 세우셨을 때, "곧 이 때에 자기의 의로우심을 나타내사 자기도 의로우시며 또한 예수 믿는 자를 의롭다 하려 하심이라" 합니다.

우리를 "영광에 들어가게 하시는", 즉 구원은 하나님의 공의에 손상됨이 없이, "의롭고, 합당하고" 정정당당한 방도로 이루어주신 것이라는 말씀입니다.

이점을 17절에서는, "이는 하나님의 일에 자비하고 신실한 대제사장이 되어 백성의 죄를 속량하려 하심이라"고 말씀합니다. "속량", 즉 죄 값을 대신 담당하시기 위해서 육신을 입고 오셨다는 것입니다. 그래서 9절에서는, "하나님의 은혜로 말미암아 모든 사람을 위하여 죽음을 맛보려 하심이라"합니다.

사탄은 예수 그리스도를 십자가에 못을 박아 죽이면 승리하는 줄로 여기고 가룟 유대 속에 들어가 주님을 팔도록 했습니다. 그런데 이것이 "죽음을 통하여 죽음의 세력을 잡은 자 곧 마귀를 멸하시는"(14하), 하나님의 비밀한 가운데 감추어 놓으셨던 하나님의 방도였던 것입니다.

"오직 은밀한 가운데 있는 하나님의 지혜를 말하는 것으로서 곧 감추어졌던 것인데 하나님이 우리의 영광을 위하여 만세 전에 미리 정하신 것이라, 이 지혜는 이 세대의 통치자들이 한 사람도 알지 못하였나니 만일

알았더라면 영광의 주를 십자가에 못 박지 아니하였으리라"(고전 2:7-8)
합니다.

하나님의 아들이 어찌하여 죽으시고 무덤에까지 내려가셔야만 했는가? "또 죽기를 무서워하므로 한평생 매여 종노릇 하는 모든 자들을 놓아 주기"(2:15) 위해서라고 말씀합니다. 그리하여 "또 함께 일으키사 그리스도 예수 안에서 함께 하늘에 앉히시니"(엡 2:6), 즉 부활 승천하신 주님 품에는, 바로 우리들이 안겨 있었다는 것입니다. 이점을 시편 107:10-16절은 이렇게 찬양합니다.

> 사람이 흑암과 사망의 그늘에 앉으며 곤고와 쇠사슬에 매임은
> 하나님의 말씀을 거역하며 지존자의 뜻을 멸시함이라
> 그러므로 그가 고통을 주어 그들의 마음을 겸손하게 하셨으니
> 그들이 엎드러져도 돕는 자가 없었도다
>
> 이에 그들이 그 환난 중에 여호와께 부르짖으매
> 그들의 고통에서 구원하시되
> 흑암과 사망의 그늘에서 인도하여 내시고
> 그들의 얽어 맨 줄을 끊으셨도다
> 여호와의 인자하심과 인생에게 행하신 기적으로 말미암아
> 그를 찬송할지로다
> 그가 놋문을 깨뜨리시며 쇠빗장을 꺾으셨음이로다.

"흑암과 사망의 그늘에서 인도하여 내시고 그들의 얽어 맨 줄을 끊으

셨도다, 그가 놋문을 깨뜨리시며 쇠빗장을 꺾으셨음이로다", 얼마나 사실적인 묘사며, 통쾌한 승리인가?

"여호와의 인자하심과 인생에게 행하신 기적으로 말미암아 그를 찬송할지로다"(시 107:15), 그렇습니다. 이는 하나님의 인자하심, 즉 사랑이요 기이한 은혜인 것입니다.

이점에서 확고해야 할 점은 "죽으심"이 끝이 아니라는 점입니다. 성경은, "예수는 우리가 범죄한 것 때문에 내줌이 되고 또한 우리를 의롭다 하시기 위하여 살아나셨느니라"(롬 4:25) 합니다.

그리스도께서 다시 살아나신 일이 없다면 어떻게 되는가? "너희의 믿음도 헛되고 너희가 여전히 죄 가운데 있을 것이요 또한 그리스도 안에서 잠자는 자도 망하였으리니"(고전 15:17-18), 즉 죽으심이 끝이라면 패배라는 것입니다. "죽음을 통하여 죽음의 세력을 잡은 자 곧 마귀를 멸하셨다"고 말씀함은, 죽은 자 가운데서 다시 살아나심으로 승리하셨다는 의미인 것입니다. 이처럼 십자가 사건에는, "하나님의 지혜, 하나님의 비밀"(고전 2:7)이 감추어져 있었던 것입니다.

이 비밀, 지혜는 제자들인 우리들에게도 적용이 된다는 점을 명심해야만 하겠습니다. 주님께서는, "누구든지 제 목숨을 구원코자 하면 잃을 것이요 누구든지 나를 위하여 제 목숨을 잃으면 찾으리라"(마 16:25) 하십니다. 즉, 죽고자 하는 자는 살고 살고자 하는 자는 죽게 된다는 역설입니다.

이제 이 은혜를 입어 구원을 얻은 우리가 행해야 할 일은 무엇인가?

12절을 보십시오.

"내가 주의 이름을 내 형제들에게 선포하고 내가 주를 교회 중에서 찬송하리라" 합니다. 두 가지로 집약이 되는데 첫째는, 하나님께서 자기 아들을 통하여 이루어주신 복음을 "선포"하는 일이요, 둘째는 "찬송"하는 일입니다. 입으로만이 아니라, 우리의 전인격, 우리의 삶을 통해서입니다. 이것이 "여자의 후손이 사탄의 머리를 상하게 하는 방도"입니다.

> 주 십자가에 달리사 날 자유하게 했으니
> 내 몸과 맘을 주 위해 다 쓰게 하소서
> 나 구주 위해 살리라 내 기쁨 한량없으리
> 내 갈길 인도하소서 내 구주 예수여

창세기 4:1-8절 분석도표

주제 : 아벨과 그의 예배를 받아주신 하나님

<table>
<tr>
<td>득남</td>
<td>

1-2

1 아담이 그의 아내 하와와 동침하매 하와가 임신하여 가인을 낳고
　이르되 내가 **여호와로 말미암아 득남하였다 하니라**
2 그가 또 가인의 아우 **아벨을 낳았는데** 아벨은 양 치는 자였고 가인은 농사하는 자였더라
</td>
</tr>
<tr>
<td>받으심</td>
<td>

3-5

3 세월이 지난 후에 가인은 땅의 소산으로 제물을 삼아 여호와께 드렸고
4 　　　　　　　아벨은 자기도 **양의 첫 새끼와** 그 기름으로 드렸더니
　　　여호와께서 아벨과 그의 제물은 받으셨으나

5 　　　　**가인과 그의 제물은 받지 아니하신지라** 가인이 몹시 분하여 안색이 변하니
</td>
</tr>
<tr>
<td>죽이니라</td>
<td>

6-8

6 여호와께서 가인에게 이르시되 네가 분하여 함은 어찌 됨이며 안색이 변함은 어찌 됨이냐
7 네가 선을 행하면 어찌 낯을 들지 못하겠느냐 선을 행하지 아니하면
　죄가 문에 엎드려 있느니라 죄가 너를 원하나 너는 죄를 다스릴지니라
8 가인이 그의 아우 아벨에게 말하고 그들이 들에 있을 때에
　　　　　　가인이 그의 아우 아벨을 쳐죽이니라
</td>
</tr>
</table>

아벨과 그의 예배를 받아주신 하나님

설교 작성노트

우선적으로 유념해야 할 점은 본문의 배경이 아담 하와가 하나님 앞에서 추방을 당한 이후에 일어난 사건이라는 점이다. 그러므로 내용목적은 아담 하와를 추방하신 하나님께서 아벨과 그의 제물을 받아주셨다는 것이 어떻게 가능해졌는가를 증언하려는데 있다. 이는 아벨의 이야기가 아니라 바로 나 자신을 받아주심이 어떻게 가능해지는가 하는 우리들의 문제이기 때문이다.

우리가 예배를 드리기만 하면 무조건 받으시는 하나님은 아니시다. 하나님은, "너희가 내 앞에 보이러 오니 이것을 누가 너희에게 요구하였느냐 내 마당만 밟을 뿐이니라"(사 1:12)고 말씀하신다.

그러므로 적용목적은, "아버지께 참되게 예배하는 자들은 영과 진리로 예배할 때가 오나니 곧 이 때라 아버지께서는 자기에게 이렇게 예배하는 자들을 찾으시느니라"(요 4:23) 하신, 받으시기에 합당한 예배를 드리게 하려는데 있다.

강론

창세기 3장은, "이같이 하나님이 그 사람을 쫓아내시고 에덴동산 동쪽에 그룹들과 두루 도는 불 칼을 두어 생명나무의 길을 지키게 하시니라"(3:24)고 끝나고 있습니다. 그런데 성경은 불과 4절 뒤에, "아벨은 자기도 양의 첫 새끼와 그 기름으로 드렸더니 여호와께서 아벨과 그의 제물은 받으셨으나"(4)하고 "받아주심"을 말씀합니다. 이를 구속사라는 맥락으로 보면 핵심적인 주제라 할 수 있는 대단히 중요한 문제입니다.

먼저 "그 사람을 쫓아내신" 원인은, "오직 너희 죄악이 너희와 너희 하나님 사이를 갈라놓았고"(사 59:2) 한 "죄" 때문이었습니다. 그렇다면 "아벨과 그의 제물을 받아주셨으나"한 "받아주심"은 죄 문제가 해결이 되었기 때문에 가능해지는 것이 아닌가?

그렇습니다. 이 "받아주심"은, "온 백성에게 미칠 큰 기쁨의 좋은 소식"(눅 2:10), 즉 복음인 것입니다. 왜냐하면 이는 "아벨"에 국한된 이야기가 아니라 나 자신을 받아주심이 어떻게 가능해지는가 하는 "나"의 문제요, 우리의 예배를 받아주심이 어떻게 가능해지는가 하는 "우리"의 문제이기 때문인 것입니다.

아벨이 "양의 첫 새끼와 그 기름으로 드렸다"는 것은 성경에 등장하는 첫 제사입니다. 그러면 죄가 들어오지 않았어도 창조주 하나님께 짐승을 잡아 제사를 드리는 것이 합당하단 말인가 하고 물어야만 합니다. 하나님은, "내가 수소의 고기를 먹으며 염소의 피를 마시겠느냐"(시 50:13)고 반문하십니다.

그러므로 성경이 말씀하는 제사와 제물은, "보라 세상 죄를 지고 가는 하나님의 어린 양"(요 1:29)에 대한 그림자라는 한에서만 의미가 있는 것입니다.

이점을 복음이 밝히 드러난 신약성경에서는, "믿음으로 아벨은 가인보다 더 나은 제사를 하나님께 드림으로 의로운 자라 하시는 증거를 얻었으니 하나님이 그 예물에 대하여 증언하심이라"(히 11:4)고 해설해주고 있습니다.

㉠ 첫째로 아벨은, "믿음"으로 드렸다고 말씀합니다. 성경이 말씀하는 "믿음"은 신념과 달라서 언약에 대한 응답을 가리킵니다. 그렇다면 아벨은 무엇을 믿었는가? 이를 문맥적으로 추구하면 "원시복음"이라고 말하는 "여자의 후손", 즉 그리스도를 믿었다는 것이 됩니다. 아버지 아담이 전해주는 복음을 아벨은 믿었으나 가인은 형식적으로 드렸다는 것이 됩니다.

㉡ 둘째로, "예물에 대하여 증언하심이라" 합니다. 그러면 아벨이 드린 예물이 무엇인가? "양의 첫 새끼와 그 기름으로 드렸다"(4)고 말씀합니다. 이점에서 주목해야 할 점은 "그 기름"이라는 묘사인데 이는 살아 있는 양을 드린 것이 아니라 양을 잡아서 드렸다는 점을 나타냅니다.

그렇다면 아벨은 여자의 후손, 즉 그리스도만을 믿은 것이 아니라, "우리는 다 양 같아서 그릇 행하여 각기 제 길로 갔거늘 여호와께서는 우리 모두의 죄악을 그에게 담당시키셨도다"(사 53:6) 한, 대속교리를 믿었다는 것이 되는 것입니다.

ⓒ 그리하여 셋째로, 믿음으로 무엇을 얻었다고 말씀하는가? "의로운 자라 하는 증거"를 얻었다고 말씀합니다.

이는 성경 전체를 통해서도 놀라운 말씀 중 하나인 것입니다. 왜냐하면 구원계획에 있어서 해결해야 할 가장 큰 난제(難題)가, "사람이 의롭게 되는 것"(갈 2:16상)이 어떻게 가능해지는가에 있기 때문입니다. 왜냐하면 "의로운 자"라는 인정을 받기만 하면 의로우신 하나님 앞으로 돌아갈 수가 있고, 하나님과 화목할 수가 있기 때문입니다.

그런데 성경은, "사람이 의롭게 되는 것은 율법의 행위로 말미암음이 아니요 오직 예수 그리스도를 믿음으로 말미암는 줄 알므로 우리도 그리스도 예수를 믿나니 이는 우리가 율법의 행위로써가 아니고 그리스도를 믿음으로써 의롭다 함을 얻으려 함이라 율법의 행위로써는 의롭다 함을 얻을 육체가 없느니라"(갈 2:16)고 말씀합니다.

그렇다면 아벨도 예수 그리스도를 믿음으로 의로운 자라는 증거를 얻었다는 결론에 이르게 되는 것입니다. 만일 아벨이 다른 방도에 의하여 의로운 자라는 증거를 얻었다고 말하게 되면 어떻게 되는가?

"내가 하나님의 은혜를 폐하지 아니하노니 만일 의롭게 되는 것이 율법으로 말미암으면 그리스도께서 헛되이 죽으셨느니라"(갈 2:21), 첫째는 "하나님의 은혜를 폐하는", 즉 필요 없다는 것이 되고, 둘째는 "그리스도의 죽음을 헛된 죽음"으로 만드는 것이 된다는 것입니다. 왜냐하면 추방을 당한 자들을 의롭다고 여겨주시고 받아주신 해답이 창세기 4장에 이미 나타나 있는데 그리스도께서 새삼스럽게 죽으셔야 할 이유가 어디 있느냐? "그리스도께서 헛되이 죽으신 것"이 된다는 것입니다.

아닙니다. 신구약을 막론하고 "사람이 의롭게 되는 것은, 오직 예수 그리스도를 믿음으로 말미암는 줄 알므로 우리도 그리스도 예수를 믿나니” 합니다. 본문은 우리에게 이를 계시해주고 있는 것입니다.

이점에서 통찰력이 필요한데 사도 바울은, “표면적 유대인이 유대인이 아니요, 오직 이면적 유대인이 유대인이라”(롬 2:28-29) 합니다. 그렇다면 표면적으로는 어린 양이 죽임을 당했으나 하나님께서 아벨을 받아주심이 가능했던 것은 이면적(裏面的)으로는 “그리스도가 죽임을 당한 것”으로 여겨주셨기 때문이라는 점을 인식해야만 합니다. 이것이 성경을 구속사라는 관점으로 보는 것입니다.

계시록 13:8절에서는 ㉠ “창세 이후로 죽임을 당한 어린 양”이라 말씀하고,

㉡ 어린 양의 “생명책에 이름이 기록이 된 자와 기록되지 못한 자가 있다”고 말씀합니다.

그러면 아벨의 이름이 생명책에 기록이 될 수 있었던 것이 어떻게 가능해졌는가? “죽임을 당한 어린 양” 때문인데, 하나님의 어린 양이신 그리스도는 실로 창세기 4장으로부터 죽임을 당하신 셈입니다.

이점에서 눈을 크게 떠서 우리에게 주어진 성경 전체의 놀라운 구조(構造)를 파악하게 되기를 바랍니다.

㉠ 창세기 3장에서 “죄”가 들어옴으로 추방을 당하게 되자,

㉡ 4장에서 즉각적으로, “양의 첫 새끼”가 대속제물로 드려짐으로 “받아주심”이 가능해지고,

ⓒ 이 "어린 양"이 성경 마지막 책, 마지막 장인 계시록 22:1절까지, "또 그가 수정 같이 맑은 생명수의 강을 내게 보이니 하나님과 및 어린 양의 보좌로부터 나와서" 하고, "어린 양"으로 연결이 되어 있는 구조라는 점입니다.

그리고 그 사이에 있는 내용들에는 아브라함이 드린 "숫양"(창 22:13)이 있고, 출애굽을 가능하게 한 "유월절 어린 양"이 있고, 메시아 언약을 망각하지 않게 하시려고 조석으로 드리라 명하신 "상번제"가 구약시대 내내 계속적으로 드려졌다는 점입니다.

그러다가 "보라 세상 죄를 지고 가는 하나님의 어린 양이로다"(요 1:29) 하고 실체가 나타나시어 십자가상에서, "다 이루었도다"(요 19:30)고 선언하시자 죄로 말미암아 막혔던 휘장이 비로소 찢어져 열려졌던 것입니다. 이것이 우리에게 주어진 성경의 일관성, 통일성, 점진성인 것입니다. 이를 대하는 형제의 마음은 어떠하십니까?

이런 구속사의 맥락으로 볼 때 가인이 "아벨을 쳐죽이니라" 한 것은, 단순한 살인사건이 아니라, 사탄이 여자의 후손의 줄기를 끊으려는 음모로 보아야만 할 것입니다. 또한 4:1절에서 아담이 가인을 낳고, "내가 여호와로 말미암아 득남하였다"고 한 말도 단순한 아들을 낳았다는 말이 아니라 "획득했다", 즉 여인의 후손을 얻었다는 환성이었는데 기대와는 달리 가인은 버림을 당하고 하찮게 여긴 "아벨"이 택함을 받았던 것입니다.

이제 문제에 대한 해답은 분명해졌습니다. 첫째로, 어디에 근거해서 예배를 드려야만, "아벨과 그의 제물은 받으심"과 같이 우리의 예배를 기쁘게 받아주시게 되는가 하는 점과, 둘째로 자신의 이름이 생명책에 기록이 될 것인가 하는 점입니다.

"그러므로 형제들아 우리가 예수의 피를 힘입어 성소에 들어갈 담력을 얻었나니"(히 10:19) 한, 오직 예수 그리스도의 대속의 피를 힘입음으로 드리는 예배가 열납이 되고, 그 이름이 생명책에 기록이 될 수가 있는 것입니다.

창세로부터 죽임을 당하신 그리스도의 은혜와 자기 아들을 대속물로 내어주실 것을 창세기로부터 계시하신 하나님의 사랑을 찬양하십시다. 이것이 "아벨과 그의 예배를 받아주신 하나님"입니다.

> 내가 천성 바라보고 가까이 왔으니
> 아버지의 영광 집에 나 쉬고 싶도다
> 나는 부족하여도 영접하실 터이니
> 영광 나라 계신 임금 우리 구주 예수라

창세기 6:1-22절 분석도표

주제 : 여자의 후손을 보존하신 하나님

합해지다	**1-4**
	1 사람이 땅 위에 번성하기 시작할 때에 그들에게서 딸들이 나니
	2 하나님의 아들들이 사람의 딸들의 아름다움을 보고 자기들이 좋아하는 모든 여자를 아내로 삼는지라
	3 여호와께서 이르시되 나의 영이 영원히 사람과 함께 하지 아니하리니 이는 그들이 육신이 됨이라 그러나 그들의 날은 백이십 년이 되리라 하시니라
	4 당시에 땅에는 네피림이 있었고 그 후에도 하나님의 아들들이 사람의 딸들에게로 들어와 자식을 낳았으니 그들은 용사라 고대에 명성이 있는 사람들이었더라
죄악이 가득함	**5-8**
	5 여호와께서 사람의 죄악이 세상에 가득함과 그의 마음으로 생각하는 모든 계획이 항상 악할 뿐임을 보시고
	6 땅 위에 사람 지으셨음을 한탄하사 마음에 근심하시고
	7 이르시되 내가 창조한 사람을 내가 지면에서 쓸어버리되 사람으로부터 가축과 기는 것과 공중의 새까지 그리하리니 이는 내가 그것들을 지었음을 한탄함이니라 하시니라
	8 그러나 노아는 여호와께 은혜를 입었더라
노아의 족보	**9-12**
	9 이것이 노아의 족보니라 노아는 의인이요 당대에 완전한 자라 그는 하나님과 동행하였으며
	10 세 아들을 낳았으니 셈과 함과 야벳이라
	11 그 때에 온 땅이 하나님 앞에 부패하여 포악함이 땅에 가득한지라
	12 하나님이 보신즉 땅이 부패하였으니 이는 땅에서 모든 혈육 있는 자의 행위가 부패함이었더라
언약을 세우심	**13-22**
	13 하나님이 노아에게 이르시되 모든 혈육 있는 자의 포악함이 땅에 가득하므로 그 끝 날이 내 앞에 이르렀으니 내가 그들을 땅과 함께 멸하리라
	14 너는 고페르 나무로 너를 위하여 방주를 만들되 그 안에 칸들을 막고 역청을 그 안팎에 칠하라
	15 네가 만들 방주는 이러하니 그 길이는 삼백 규빗, 너비는 오십 규빗, 높이는 삼십 규빗이라
	16 거기에 창을 내되 위에서부터 한 규빗에 내고 그 문은 옆으로 내고 상 중 하 삼층으로 할지니라
	17 내가 홍수를 땅에 일으켜 무릇 생명의 기운이 있는 모든 육체를 천하에서 멸절하리니 땅에 있는 것들이 다 죽으리라
	18 그러나 너와는 내가 내 언약을 세우리니 너는 네 아들들과 네 아내와 네 며느리들과 함께 그 방주로 들어가고
	19 혈육 있는 모든 생물을 너는 각기 암수 한 쌍씩 방주로 이끌어 들여 너와 함께 생명을 보존하게 하되
	20 새가 그 종류대로, 가축이 그 종류대로, 땅에 기는 모든 것이 그 종류대로 각기 둘씩 네게로 나아오리니 그 생명을 보존하게 하라
	21 너는 먹을 모든 양식을 네게로 가져다가 저축하라 이것이 너와 그들의 먹을 것이 되리라
	22 노아가 그와 같이 하여 하나님이 자기에게 명하신 대로 다 준행하였더라

여자의 후손을 보존하신 하나님

설교 작성노트

창세기 6장-9장은 홍수심판에 관한 기사다. 하나님께서 홍수로 심판하신 이유가 무엇인가? 죄악이 세상에 가득했기 때문이다. 그런데 주목해야 할 점은 홍수로 심판하시는 중에, "그러나 노아는 여호와께 은혜를 입었더라(8), 너를 위하여 방주를 만들되(14), 그러나 너와는 내가 내 언약을 세우리니(18), 그 생명을 보존하게 하라"(20) 하셨다는 점을 주목해야만 한다. 왜냐하면 심판 중에도, "은혜로 택하심을 따라 남은 자가 있게 하셨기"(롬 11:5) 때문이다.

그러므로 "홍수"를 인간의 행위중심으로 보면 "심판"이 되지만, "내가---하리라"(창 3:15)고 선언하신 구속사 중심으로 보면, "여자의 후손"을 보내실 후사(後嗣)를 보존하시려는 은혜가 되는 것이다. 이 은혜를 증언하려는 것이 본 설교의 내용목적이다.

신약성경은, "방주에서 물로 말미암아 구원을 얻은 자가 몇 명뿐이니 거우 여덟 명이라"(벧전 3:20)고 말씀한다. 그렇다면 노아의 때와 같으리라 하신 재림의 날에는 몇 명이나 남게 될 것인가? 이를 통해서 주권적으로 이루어 나가시는 하나님의 구원계획은 반드시 완성이 된다는 것과, 남은 자의 삶을 살게 하려는 것이 적용목적이라 하겠다.

강론

6장은, "하나님의 아들들이 사람의 딸들의 아름다움을 보고 자기들이 좋아하는 모든 여자를 아내로 삼는지라"(2)는 말씀으로 시작이 됩니다. 그러므로 우선적으로 규명해야 할 점은, "하나님의 아들들과, 사람의 딸들"이란 누구를 가리키는가 하는 점입니다. 본문은 이에 대한 언급이 없습니다.

그러므로 죄가 들어오자 하나님께서 "내가--하리라"고 선언하시고 이루어 오신 창세기 3장-5장의 문맥, 즉 구속사의 맥락으로 추적을 해보아야만 합니다. 그런데 이에 빛을 비춰주는 말씀이 4장에 있는데, "가인이 여호와 앞을 떠나서 에덴 동쪽 놋 땅에 거주하더니 아내와 동침하매 그가 임신하여 에녹을 낳은지라"(17-18) 한 말씀과, "아담이 다시 자기 아내와 동침하매 그가 아들을 낳아 그의 이름을 셋이라 하였으니 이는 하나님이 내게 가인이 죽인 아벨 대신에 다른 씨를 주셨다 함이며"(25) 하고, 두 줄기에서 자녀들이 태어나는 사실을 진술하고 있기 때문입니다.

이런 문맥에서 "하나님의 아들들과, 사람의 딸들"을 언급하고 있다면 이는 다름 아닌 "여자의 후손과 뱀의 후손"을 가리키는 것이라는 깨달음을 얻게 됩니다. 그런 후에, "자기들이 좋아하는 모든 여자를 아내로 삼는지라"(6:2)고 말씀한다면 두 줄기가 성(性)에 의하여 합쳐지고 있다는 점을 나타내는 것입니다.

하나님의 백성들에게는 어느 때나 두 가지 위험이 따르게 마련인데 첫째는 약속의 땅을 "떠날"(창 12:10, 20:1, 26:1), 즉 언약을 떠날 위험이고, 둘째는 "합쳐질"(민 11:4, 삿 3:6, 왕상 11:1), 즉 세속화의 유혹입니다. "합친다"는 것이 어떤 의미에서는 좋은 것입니다만 성경 역사를 보면 언제나 합쳐지는 것은 여자의 후손이 뱀의 후손, 즉 신자들이 불신자들 쪽으로 합쳐지고 있다는 점입니다.

이를 세속화요, 타락이라고 말하는데 하나님께서는, "그들은 네게로 돌아오려니와 너는 그들에게로 돌아가지 말지니라"(렘 15:19) 하십니다. 하나님께서 합쳐지는 것을 얼마나 미워하고 경계하시는가 하는 점이, "네 포도원에 두 종자를 섞어 뿌리지 말라 그리하면 네가 뿌린 씨의 열매와 포도원의 소산을 다 빼앗길까 하노라 너는 소와 나귀를 겨리하여 갈지 말며 양 털과 베 실로 섞어 짠 것을 입지 말지니라"(신 22:9-11) 한 말씀 등(참고 고전 9:9)에 나타납니다.

이처럼 여인의 후손이 타락하여 세속화한 상태를, "여호와께서 사람의 죄악이 세상에 가득함과 그의 마음으로 생각하는 모든 계획이 항상 악할 뿐"이라 하십니다. 그리하여 "내가 창조한 사람을 내가 지면에서 쓸어버리되 사람으로부터 가축과 기는 것과 공중의 새까지 그리하리니"(6:5, 7) 하고, 심판을 선언하십니다.

　그런데 하나님은 심판에 앞서, "그러나 그들의 날은 백이십 년이 되리라"(3)고, 120년이라는 유예기간을 주셨다는 점을 유념해야만 합니다. 그리고 유예기간 동안 노아에게 두 가지를 명하셨는데 첫째는, "방주"를 지을 것과, 둘째는 "의를 전파"(벧후 2:5)하라 하셨습니다.

　이점을 본문에서는, "그러나 너와는 내가 내 언약을 세우리니 너는 네 아들들과 네 아내와 네 며느리들과 함께 그 방주로 들어가라"(18) 하십니다. 그리하여 "생명을 보존하게 하되(19), 그 생명을 보존하게 하라"(20) 하십니다.

　중심점은 생물을 보존하시려는데 있는 것이 아니라 "여자의 후손"의 줄기를 보존(保存)하시려는 의도임을 깨닫게 됩니다.

　이점을 사도 베드로는, "옛 세상을 용서하지 아니하시고 오직 의를 전파하는 노아와 그 일곱 식구를 보존하시고 경건하지 아니한 자들의 세상에 홍수를 내리셨으며"(벧후 2:5)라고, 홍수심판을 "보존"(保存)이라는 차원으로 증언하고 있습니다.

　이런 맥락에서 홍수심판은 노아의 한 가정을 구원하시기 위한 조치가 아닙니다. 노아의 가정은 지상에 남게 된 유일한 하나님의 백성이요 교회였던 것입니다. 이점을 복음이 밝히 드러난 신약성경에서는, "믿음으로 노아는 아직 보이지 않는 일에 경고하심을 받아 경외함으로 방주를 준비하여 그 집을 구원하였으니 이로 말미암아 세상을 정죄하고 믿음을 따르는 의의 상속자가 되었느니라"(히 11:7)고 "상속자"가 되었다고 말씀합니다. 이는 "여자의 후손"의 상속자가 되었음을 의미하는데 누가복음 3장에 기록된 예수님의 족보와 일치합니다.

"노아가 그와 같이 하여 하나님이 자기에게 명하신 대로 다 준행하였더라"(6:22) 합니다.

본문이 우리에게 적용이 되는 점이 무엇인가? 최후심판이 "노아의 때"와 같다면 경계해야 할 점과 명심해야 할 점이 있는데, 타락하고 세속화되는 것은 경계해야 하고, 명심해야 할 점은 홍수심판 때의 구원의 방도가 무엇이었는가 하는 점입니다.

"여호와께서 노아에게 이르시되 너와 네 온 집은 방주로 들어가라 (7:1), 노아는 아들들과 아내와 며느리들과 함께 홍수를 피하여 방주에 들어갔고(7), 방주로 들어갔으며(9), 곧 그 날에 노아와 그의 아들 셈, 함, 야벳과 노아의 아내와 세 며느리가 다 방주로 들어갔고(13), 방주로 들어갔으니(15), 들어간 것들은 모든 것의 암수라 하나님이 그에게 명하신 대로 들어가매 여호와께서 그를 들여보내고 문을 닫으시니라"(16)고 강조하고 있는, "들어감"에 있다는 점을 명심해야만 합니다.

그들은 방주로 들어간 것이 아니라, "그러나 너와는 내가 내 언약을 세우리니"(6:18) 하신 "언약" 안으로 들어간 셈입니다. 방주 안, 즉 언약 안에만 구원이 있습니다. 밖은 보장을 받지 못합니다.

모세는, "그 피를 문 인방과 좌우 설주에 뿌리고 아침까지 한 사람도 자기 집 문 밖에 나가지 말라"(출 12:22)고 경고합니다. 사도 요한은, "그들이 우리에게서 나갔으나 우리에게 속하지 아니하였나니 만일 우리에게 속하였더라면 우리와 함께 거하였으려니와 그들이 나간 것은 다 우리에게 속하지 아니함을 나타내려 함이니라"(요일 2:18-19)고 언약 밖으로, "나간 자들"이 있다고 증언합니다.

　주님께서 우리를 영접하러 오실 때까지 우리가 힘써야 할 점은 십자가 복음 안에 머물면서, "오직 의를 전파"(벧후 2:5)한 노아처럼 복음을 전파하는 일입니다. 그리고 120년의 유예기간은, "내가 은혜 베풀 때에 너에게 듣고 구원의 날에 너를 도왔다 하셨으니 보라 지금은 은혜 받을 만한 때요 보라 지금은 구원의 날이로다"(고후 6:2) 한, 오늘은 "은혜의 때요, 구원의 날"인 것입니다. 이것이 "여자의 후손을 보존하신 하나님"입니다.

주님의 부르는 음성 널 받아주시나니

회개한 네게 임하시어 끝까지 널 도우시네

피 하지 말라 피하지 말라

우리가 곁길로 피해도 맘속에 오시리

심판 날 당할 때 주님을 너 맞을 준비 해

맘속에 주님을 영접하라 주 영접하라

Gustave Dore <The World Is Destroyed by Water>

창세기 8:13–22절 분석도표

주제 : 다시는 저주하지 아니 하리라

<table>
<tr><td rowspan="1">방주에서 나오다</td><td>

13–19

13 육백일 년 첫째 달 곧 그 달 초하룻날에 땅 위에서 물이 걷힌지라
　　　　　노아가 방주 뚜껑을 제치고 본즉 지면에서 물이 걷혔더니
14 둘째 달 스무이렛날에 땅이 말랐더라
15 하나님이 노아에게 말씀하여 이르시되
16 너는 네 아내와 네 아들들과 네 며느리들과 함께　　**방주에서 나오고**
17 너와 함께 한 모든 혈육 있는 생물 곧 새와 가축과 땅에 기는 모든 것을 다 이끌어내라
　　　　　이것들이 땅에서 생육하고 땅에서 번성하리라 하시매
18 노아가 그 아들들과 그의 아내와 그 며느리들과 함께 **나왔고**
19 땅 위의 동물 곧 모든 짐승과 모든 기는 것과 모든 새도 그 종류대로

방주에서 나왔더라

</td></tr>
<tr><td rowspan="1">번제를 드림</td><td>

20–22

20 노아가 **여호와께 제단을 쌓고** 모든 정결한 짐승과 모든 정결한 새 중에서

제물을 취하여 번제로 제단에 드렸더니

21 여호와께서 **그 향기를 받으시고** 그 중심에 이르시되 **내가 다시는 사람으로 말미암아**

땅을 저주하지 아니하리니

이는 사람의 마음이 계획하는 바가 어려서부터 악함이라

내가 전에 행한 것 같이 모든 생물을 다시 멸하지 아니하리니
22 땅이 있을 동안에는 심음과 거둠과 추위와 더위와 여름과 겨울과
　　　　　낮과 밤이 쉬지 아니하리라

</td></tr>
</table>

다시는 저주하지 아니 하리라

설교 작성노트

본문은 방주에서 나온 노아의 행적인데 중심점은 여호와께 제단을 쌓고 정결한 짐승으로 번제를 드린 것과, 이를 받으신 하나님의 응답으로 되어 있다. 노아가 드린 번제를 받으신 하나님은 "다시는 땅을 저주하지 아니하리라"고 말씀하셨는데 그렇다면 첫째는, 다시는 죄가 들어오지 않을 것이라는 뜻인가? 둘째는, 하나님의 구원계획은 어떤 방도로 이루신다는 말씀인가? 이를 증언하려는 것이 내용목적이다.

이를 통해서 적용목적은 인간의 행위로는 구원에 이를 수가 없고 오직 "번제", 즉 그리스도의 대속을 통해서뿐임을 깨닫게 하여, "오직 은혜, 오직 믿음"이라는 하나님의 사랑과 그리스도의 구속의 은총을 찬양하며 기뻐하게 하려는 것이다.

도표를 보시면 첫째 단원(13-19)의 중심점은, "방주에서 나오고, 나왔고, 방주에서 나왔더라" 한 방주에서 나왔다는데 있습니다. 이점을 신약성경에서는, "방주에서 물로 말미암아 구원을 얻은 자가 몇 명뿐이니 겨우 여덟 명이라"(벧전 3:20)고 말씀합니다. 당시의 인구가 얼마나 되었을 것인가? 8명 외에는 모두가 멸망을 당한 것입니다.

이점에서 구속사를 이해하는 중요한 요점이 등장하는데 그것은, 8명은 무엇으로부터 구원을 얻었으며, 출애굽은 무엇으로부터의 구원이며, 궁극적인 구원은 무엇으로부터의 구원인가 하는 점입니다.

노아 당시는 "물, 즉 홍수로부터의 구원"이고, 출애굽의 구원은 바로의 노예로부터의 구원이었습니다. 그런데 이는 예표요, 하나님께서 이루시려는 궁극적인 구원은, "죽음의 세력을 잡은 자 곧 마귀"(히 2:14)로부터의 구원이요, "죄의 값은 사망이니라" 한 "죄책"으로부터의 구원인 것입니다. 그렇다면 죄의 권세로부터의 구원은 어떻게 가능해지는가?

그러므로 본문 둘째 단원(20-22)의 중심점은 방주에서 나온 노아가, "여호와께 제단을 쌓고 모든 정결한 짐승과 모든 정결한 새 중에서 제물을 취하여 번제로 제단에 드렸다"(20)는 "번제"에 있는 것입니다. 노아의 번제는 아벨의 제사에 이은 성경에 등장하는 두 번째 번제로 구속사에 있어서 중요한 의미를 전달해줍니다.

다시 상기시킵니다만 성경이 말씀하는 번제란, "보라 세상 죄를 지고 가는 하나님의 어린 양"(요 1:29)의 예표라는 한에서만 의미가 있다는 점입니다. 그러므로 메시아 언약에 근거하지 않은 번제란 예배가 아니라 창조주 하나님을 우상시 하는(사 66:3) 모독이 된다는 점에 확고해야만 합니다.

이런 맥락에서 노아가 번제를 드렸다는 것과, "아벨과 그의 제물은 받으심"(창 4:4)과 같이, "여호와께서 그 향기를 받으셨다"(21)는 점은 노아도 여자의 후손을 통해서 구원하여주시리라는 "원복음"을 믿고 계승하고 있었다는 증거가 되는 것입니다.

창세기 4장에서는 셋의 자손들이, "비로소 여호와의 이름을 불렀더라"(4:26)고 말씀하고, 5장에서는 노아가 태어나자 아버지 라멕이, "이름을 노아라 하여 이르되 여호와께서 땅을 저주하시므로 수고롭게 일하는 우리를 이 아들이 안위하리라"(5:29)는 뜻에서 이름을 "노아"라 했다는 것은"원복음"을 계승하고 있었다는 증거인데 홍수심판 때 이르러서는, "겨우 여덟 명"뿐이었다는 것이 됩니다.

이런 상황에 이르자 하나님께서는 홍수를 통해서 악의 세력을 진멸하고 "의의 후사", 즉 그리스도를 보내실 줄기를 보존하셨던 것입니다. 진실로 하나님은, "상한 갈대를 꺾지 아니하며 꺼져가는 등불을 끄지 아니"(사 42:3)하신 하나님이십니다.

이런 맥락에서 본문을 통해서 계시하시려는 핵심이, "여호와께서 그 향기를 받으시고 그 중심에 이르시되 내가 다시는 사람으로 말미암아 땅을 저주하지 아니하리니"(21상) 한 말씀에 나타납니다. "다시는 저주하지 아니하리니" 하심은, "내가 전에 행한 것 같이 모든 생물을 다시 멸하지 아니하리니"(21하), 즉 다시는 홍수와 같은 심판으로 세상을 멸하시지 않겠다는 말씀입니다. 그렇다면 다시는 세상에 죄가 가득차지 아니할 것이라는 뜻인가 하고 묻게 됩니다.

아닙니다. 오히려 정반대를 의미하는데 이점이, "이는 사람의 마음이 계획하는 바가 어려서부터 악함이라"(21중)는 말씀에 나타납니다. 이 말씀은 6:5절에서, "그의 마음으로 생각하는 모든 계획이 항상 악할 뿐임을 보시고"한 것과 맥을 같이 하는 말씀으로 인간의, "전적타락, 전적부패, 전적 무능"을 나타내는 말씀인 것입니다.

이점을 다윗은, "내가 죄악 중에서 출생하였음이여 어머니가 죄 중에서 나를 잉태하였나이다"(시 51:5)라고 고백합니다. 이런 전적 타락, 전적 무능한 자들에게 홍수심판과 같은 저주를 10번, 100번을 내린다 해도 인간의 행위로는 하나님 앞에 의롭다함을 얻을 수 없다는 자력구원의 불가능성을 우리보다도 하나님은 아시는 것입니다.

그러면 하나님의 구원계획은 어떻게 이루시겠다는 것인가 라고 묻게 되는데, "다시는 사람으로 말미암아 땅을 저주하지 아니하리니"(21상)하신 말씀이 어떤 말씀 뒤에 나오는가를 주목하시기를 바랍니다.

"번제로 제단에 드렸더니 여호와께서 그 향기를 받으시고 그 중심에 이르시되"(20-21) 한 "번제"에 이어서 하신 약속입니다. 알아 차리셨습니까? 자기 아들을 번제, 즉 대속제물이 되게 하심으로 구원하시겠다는 점이 본문을 통해서 계시하시려는 중심주제요, 하나님의 사랑이요, 은혜인 것입니다.

그러므로 "여호와께서 그 향기를 받으시고" 한, "향기"는 짐승이 타는 냄새를 가리키는 것이 아니라, "우리를 위하여 자신을 버리사 향기로운 제물과 희생제물로 하나님께 드리셨느니라"(엡 5:2) 한 하나님의 공의를 충족시켜드릴 그리스도의 대속과 결부되는 말씀인 것입니다.

이런 하나님의 마음이 출애굽기 20장에도 나타납니다. 출애굽기 20장은 두 부분으로 되어 있는데 1-21절은 율법을 주시는 내용이고, 22-26절은, "번제와 화목제를 드리라"는 내용입니다. 만일 율법만 주셨다면 어찌 되는가? "이 율법의 말씀을 실행하지 아니하는 자는 저주를 받을 것이라 할 것이요 모든 백성은 아멘 할지니라"(신 27:26) 한 대로 "저주"를 받을 수밖에 없는 것입니다.

율법의 행위로 의롭다함을 얻을 수 없다는 점, 본문의 표현대로 하면, "사람의 마음이 계획하는 바가 어려서부터 악함이라"(8:21)는 점을 우리보다 하나님께서 더 잘 아십니다. 그래서 "내게 토단을 쌓고 그 위에 네 양과 소로 네 번제와 화목제를 드리라 내가 내 이름을 기념하게 하는 모든 곳에서 네게 임하여 복을 주리라"(출 20:24) 하시는 것입니다.

저주를 받아 마땅한 자들에게 "복(福)을 주리라" 하심이 어떻게 가능하여진단 말인가? 이점을 복음이 밝히 드러난 신약성경에서는, "그리스도께서 우리를 위하여 저주를 받은바 되사 율법의 저주에서 우리를 속량하셨으니 기록된바 나무에 달린 자마다 저주 아래에 있는 자라 하였음이라"(갈 3:13)고 해설해주고 있습니다. 그리스도께서 우리 대신 저주를 받으심으로 우리는 복을 받게 되었다는 말씀입니다.

이런 맥락에서, "내가 다시는 사람으로 말미암아 땅을 저주하지 아니하리니"(21) 하신 말씀도, 우리 대신 자기 아들에게 "저주"하시겠다는 것이 되는 것입니다. 하나님의 사랑은 측량할 수가 없고, "실로 그리스도께서는 창세로부터 죽임을 당하신 셈입니다.

이처럼 "옛적(구약시대)에 선지자들을 통하여 여러 부분과 여러 모양으로 우리 조상들에게 말씀하신 하나님이 이 모든 날 마지막에는 아들을 통하여"(히 1:1-2) 성취하여주신 것이 복음인 것입니다.

이 사랑과 은혜를 입은 우리는 어떤 삶을 살아야 마땅한가? "항상 우리를 그리스도 안에서 이기게 하시고 우리로 말미암아 각처에서 그리스도를 아는 냄새를 나타내시는 하나님께 감사하노라 우리는 구원 받는 자들에게나 망하는 자들에게나 하나님 앞에서 그리스도의 향기니"(고후 2:14-15) 한, 향내 나는 예배, 향내 나는 삶을 살아야만 하겠다는 결단입니다. 이것이 "다시는 저주하지 아니 하리라 하신 하나님의 은혜"입니다.

날 대속하신 예수께 내 생명 모두 드리니
늘 진실하게 하소서 내 구주 예수여
나 구주 위해 살리라 내 기쁨 한량 없으리
내 갈길 인도 하소서 내 구주 예수여 -아멘-

Gustave Dore <A Dove Is Sent Forth from the Ark>

창세기 9:1-7절 분석도표

주제 : 피를 먹지 말라 하신 하나님의 마음

<table>
<tr>
<td rowspan="2">생육하고 번성</td>
<td>

1-2

1하나님이 노아와 그 아들들에게 복을 주시며 그들에게 이르시되

생육하고 번성하여 땅에 충만하라

2땅의 모든 짐승과 공중의 모든 새와 땅에 기는 모든 것과 바다의 모든 물고기가 너희를 두려워하며 너희를 무서워하리니 이것들은 너희의 손에 붙였음이니라

</td>
</tr>
<tr>
<td>

3-7

3**모든 산 동물은 너희의 먹을 것이 될지라** 채소 같이 내가 이것을 다 너희에게 주노라

4 그러나 고기를   **그 생명 되는 피째 먹지 말 것이니라**

5 내가 반드시 너희의 피 곧 너희의 **생명의 피를 찾으리니**

짐승이면 그 짐승에게서,

사람이나 사람의 형제면 그에게서 그의 생명을 찾으리라

6 다른 사람의 피를 흘리면

그 사람의 피도 흘릴 것이니 이는 하나님이 자기 형상대로 사람을 지으셨음이니라

7 **너희는 생육하고 번성하며** 땅에 가득하여 그 중에서 **번성하라** 하셨더라

</td>
</tr>
</table>

피를 먹지 말라

피를 먹지 말라 하신 하나님의 마음

설교 작성노트

본 설교의 중심주제는, "그 생명 되는 피째 먹지 말라"는 금령에 있다. 1장에서는, "온 지면의 씨 맺는 모든 채소와 씨 가진 열매 맺는 모든 나무를 너희에게 주노니 너희의 먹을 거리가 되리라"(1:29)고 채소를 식물로 주셨다.

그런데 홍수심판 후에는, "모든 산 동물은 너희의 먹을 것이 될지라 채소 같이 내가 이것을 다 너희에게 주노라"(9:3)고 육식을 허용하셨다. "그러나 고기를 그 생명 되는 피째 먹지 말 것이니라"(4)고 금하신 하나님의 마음을 증언하려는 것이 내용목적이다.

그리하여 하나님의 마음, 사랑, 은혜를 더욱 확실하게 깨닫고 복음 위에 굳게 서서 하나님을 더욱 사랑하며 경외하게 하려는 것이 적용목적인 것이다.

오늘 설교의 중심주제는 하나님께서 고기 먹는 것을 허용을 하시면서 그러나, "그 생명 되는 피째 먹지 말라"(4)고 금하신 의도가 무엇인가 하는 점을 구속사의 맥락에서 증언하려는데 있습니다. 사도 바울은, "누가 주의 마음을 알아서 주를 가르치겠느냐 그러나 우리가 그리스도의 마음을 가졌느니라"(고전 2:16)고 말씀합니다. 피를 금하신 하나님의 마음이 무엇인가?

창세기 1장에서는, "내가 온 지면의 씨 맺는 모든 채소와 씨 가진 열매 맺는 모든 나무를 너희에게 주노니 너희의 먹을 거리가 되리라"(1:29)고, "채소와, 과실"을 식물로 주셨습니다. 그런데 홍수심판 후에는, "생육하고 번성하여 땅에 충만하라"(1)고 복을 주시면서, "모든 산 동물은 너희의 먹을 것이 될지라 채소 같이 내가 이것을 다 너희에게 주노라"(3)고 육식을 허용을 하신 것입니다.

그런데 문제는, "그러나 고기를 그 생명 되는 피째 먹지 말 것이니라"(4)고 금하신 하나님의 의도가 무엇인가 하는 점입니다. 만일 피를 먹게 되면 어찌 되는가? "내가 반드시 너희의 피 곧 너희의 생명의 피를 찾으리니 짐승이면 그 짐승에게서, 사람이나 사람의 형제면 그에게서 그의 생명을 찾으리라"(5) 하십니다.

이점을 구속사라는 맥락으로 추구해보면 생명에 대한 경외심을 갖게 하시려는 교훈적인 의미만이 아니라, 하나님의 심오한 의도를 깨닫게 됩니다. 하나님의 마음을 알기 위해서는 레위기 17장으로 가보아야만 합니다. 왜냐하면 레위기는 제사법전으로 "피"에 대한 언급이 가장 자세하게 나타나 있기 때문입니다.

"이스라엘 집 사람이나 그들 중에 거류하는 거류민 중에 무슨 피든지 먹는 자가 있으면 내가 그 피를 먹는 그 사람에게는 내 얼굴을 대하여 그를 백성 중에서 끊으리니 육체의 생명은 피에 있음이라"(레 17:10-11상)고, 엄하게 말씀하십니다.

형제는 "피를 먹지 말라" 하시는 말씀을 대하면서 어떤 마음이 드십니까? 혹시 하나님은 우리를 사랑하시지 않는가보다 하는 생각이 들지는 않습니까? 성경역사를 보면 그렇게 생각한 때가 있었습니다. 먼저는 아담 하와입니다. 하나님께서 "선악을 알게 하는 나무의 열매는 먹지 말라 네가 먹는 날에는 반드시 죽으리라"(창 2:17) 하신 하나님의 말씀을 곡해하여 하나님의 사랑을 의심하고, "너희가 그것을 먹는 날에는 너희 눈이 밝아져 하나님과 같이 되리라"는 유혹에 넘어갔던 것입니다. 하나님의 사랑을 의심한 것은 선민 이스라엘도 마찬가지였습니다. 하나님께서, "내가 너희를 사랑하였노라" 하시니까 그들은, "주께서 어떻게 우리를 사랑하셨나이까"(말 1:2)라고 항변했던 것입니다. 이처럼 하나님의 사랑을 의심하기는 오늘의 우리들도 마찬가지입니다. "자기 아들을 아끼지 아니하시고 우리 모든 사람을 위하여 내주신"(롬 8:32), 하나님의 사랑을 불신하는 것보다 하나님을 슬프시게 하는 일이란 달리는 없습니다.

피를 먹지 말라" 하신 이유가 창세기에서는, "생명의 경외(敬畏)와 결부되어 있으나, 레위기에는 제사법과 결부되어 있다는 점을 분별할 수 있어야만 합니다. 이점이, "내가 이 피를 너희에게 주어 제단에 뿌려 너희의 생명을 위하여 속죄하게 하였나니 생명이 피에 있으므로 피가 죄를 속하느니라"(레17:11하) 하신 말씀에 나타납니다. 이는 4마디로 되어 있는데 대단히 중요한 뜻이 있음으로 자세히 살펴보아야만 합니다.

㉠ "내가 이 피를 너희에게 주어",

㉡ "제단에 뿌려",

㉢ "너희의 생명을 위하여 속죄하게 하였나니",

㉣ "생명이 피에 있으므로 피가 죄를 속하느니라".

설명이 필요한데 어찌하여 "피를 먹지 말라" 하시는가? 첫째는, "내가", 즉 하나님께서 "이 피를 너희에게 주기" 위해서라 하십니다. 둘째는, "제단에 뿌리게" 하기 위해서요, 그래서 셋째는, "속죄(贖罪)하게" 하기 위해서라 하십니다.

이런 용도로 사용하시기 위해서 생명의 "피"를 가볍게 여기지 못하도록, "피를 먹지 말라"고 금하셨다는 말씀입니다. 구약시대는 생축을 제물로 삼아 그 피를 단에 뿌림으로 속죄(贖罪)하게 하셨던 것입니다. 그래서 "생명이 피에 있으므로 피가 죄를 속하느니라"고 말씀하시는 것입니다.

그런데 이 말씀을 구속사라는 넓은 지평으로 보면 어떤 의미가 되는가? 신약성경은, "이는 황소와 염소의 피가 능히 죄를 없이 하지 못함이라" 하면서, "율법은 장차 올 좋은 일의 그림자일 뿐이요 참 형상이 아니라"(히 10:1, 4)고 말씀합니다. 그리고 "하나님이 제사와 예물을 원하지 아니하시고 오직 나를 위하여 한 몸을 예비하셨도다"(히 10:5)고 말씀합니다.

그렇다면 이제 하나님의 마음은 분명해진 것입니다. 우리에게 주시려는 것은 짐승의 피가 아닙니다. 왜냐하면 "짐승의 피"로는 죄를 속할 수가 없기 때문입니다. "자기 아들의 피"를 우리에게 주셔서 우리의 죄를 속하게 하시려는 의도인 것입니다. 그리스도께서 흘리실 보혈의 "거룩함, 의로움, 귀중"성을 깨닫게 하시려고 "피를 먹지 말라", 즉 범하지 못하게 금하셔서 보존하게 하셨다는 말씀인 것입니다.

성경은 문제에 대한 해답입니다. 구약성경에서는, "네가 먹는 날에는 반드시 죽으리라(창 2:17), 피를 먹는 자는 백성 중에서 끊으리니"(레 17:10) 하셨는데 주님은, "내가 진실로 진실로 너희에게 이르노니 인자의 살을 먹지 아니하고 인자의 피를 마시지 아니하면 너희 속에 생명이 없느니라 내 살을 먹고 내 피를 마시는 자는 영생을 가졌고 마지막 날에 내가 그를 다시 살리리니 내 살은 참된 양식이요 내 피는 참된 음료로다"(요 6:53-55), 즉 "내 살을 먹으라, 내 피를 마시라", 그래야 너희가 살 수가 있다고 말씀하십니다.

짐승의 생명을 아끼셔서 피를 먹지 말라고 금하신 하나님은, 자기 아들의 피를 흘리게 하셔서 우리에게 주어, "이 피를 마셔라 그래야 생명이 있다"라고 말씀하시려는 것입니다. 다시 상기시키면서 강조합니다만 구약은, "먹으면 반드시 죽으리라"는 금령인데, 신약에 나타난 해답(解答)은, "먹으면 반드시 살리라"는 복음인 것입니다. 이 말씀을 듣는 형제의 마음은 어떠하십니까? 그래도 하나님은 나를 사랑하시지 않는가보다 라고 말하겠습니까?

레위기 17:11-13절을 주목해보시기를 바랍니다.
㉠ 11절의 그냥 "피"는 생명을 의미합니다.
㉡ 13절의 "흘린 피"는 죽음을 가리킵니다.
㉢ 그리고 흘린 피는 11절의 "뿌린 피"가 되어야 효험, 즉 적용이 되는 것입니다.

출애굽 당시 하나님의 백성을 대신하여 피를 흘린 것은 유월절 어린 양이었습니다. 그런데 그 피가 대문에 "뿌린 피"가 될 때에야 "내가 피를 볼 때에 너희를 넘어가리니"(출 12:13) 하는 효험이 있게 되는 것입니다.

우리 대신 피를 흘려주신 분은, "하나님의 어린 양"이십니다. 그런데 이 피가, "예수 그리스도의 피 뿌림을 얻기 위하여 택하심을 받은 자라"(벧전 1:2) 한 "뿌린 피", 즉 십자가 복음을 전해주어 마음에 기록이 되게 해주어야만 효험이 있게 된다는 점을 명심하시기 바랍니다.

이런 맥락에서 레위기 17:13절에 또 하나의 중요한 요점이 나타나는데, "그것의 피를 흘리고 흙으로 덮을 지니라" 한 말씀입니다. 질문을 드려보겠습니다. 그러면 주님께서 흘리신 피도 덮어야 하는가? 드러내서 마시게 해야 하는가? "덮으라" 하심은 장례를 지내라(겔 24:7-8)는 것과 같은 의미가 있습니다.

주님께서 흘리신 피는 덮이지도 않을 뿐만이 아니라, 덮어서도 아니

됩니다. 하나님은 "내가 내 아우를 지키는 자니이까" 하고 핑계를 대는 가인에게, "네 아우의 피소리가 땅에서부터 내게 호소(呼訴)하느니라"(창 4:10) 하십니다. 히브리서 기자는 이 말씀을 받아서, "새 언약의 중보이신 예수와 및 아벨의 피보다 더 나은 것을 말하는 뿌린 피니라"(히 12:24) 합니다.

주님께서 흘리신 피는 "호소하는 피, 증언하는 피, 역사하는 피"가 되어야 하는 것입니다. "하나님의 어린 양이 너의 죄를 위하여 너 대신 피를 흘리셨다"고 증거가 되도록 드러내야 하는 피인 것입니다.

"오직 성령이 너희에게 임하시면, 내 증인이 되리라" 하신 "그리스도의 증인"은 이 복음을 증언하라고 세움을 입은 자들인 것입니다. 그런데 현대교회는 하나님의 아들이 우리를 위하여 흘려주신 보배로운 피를 호소하는 피가 되지 못하도록 "덮으려" 하고 있는 것은 아닌지 심각하게 고민해야 마땅합니다. 이것이 "피를 먹지 말라 하신 하나님의 마음"입니다.

> 구주의 복음을 전할 제목 보혈의 능력 주의 보혈
> 날마다 나에게 찬송주니 참 놀라운 능력이로다
> 주의 보혈 능력 있도다 주의 피 믿으오
> 주의 보혈 그 어린양의 매우 귀중한 피로다

창세기 11:1–9절 분석도표

주제 : 인본주의 단과 신본주의 단

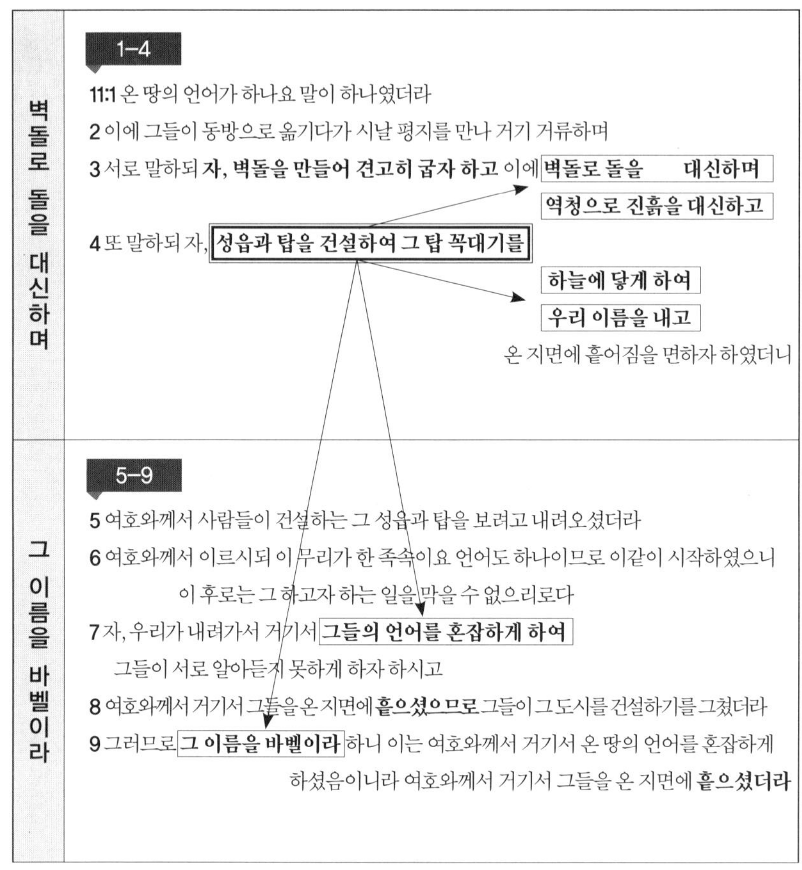

인본주의 단과 신본주의 단

설교 작성노트

본문은 방주에서 나온 노아의 후손들의 행적을 진술하는 내용이다. 중심점은 그들이 "바벨탑"을 쌓는 것을 하나님께서 개입하셔서 "흩으셨다"(8, 9)는데 있다. 어찌하여 중단하게 하시고 흩으셨는가?

이를 알기 위해서는 바벨탑을 "벽돌로 돌을 대신하여, 역청으로 진흙을 대신하여"(3) 쌓았다는 구속사적인 의미가 무엇인가를 인식해야만 한다. 이를 증언하려는 것이 본 설교의 내용목적이다. 이를 통해서 현대 교회는 "바벨탑", 즉 인본주의 단을 쌓고 있는 것은 아닌가? 돌이켜보자는 것이 적용목적이다.

10장은, "노아의 아들 셈과 함과 야벳의 족보는 이러 하니라"(1)고 시작이 되어, "이들은 그 백성들의 족보에 따르면 노아 자손의 족속들이요 홍수 후에 이들에게서 그 땅의 백성들이 나뉘었더라"(10:32)고 마치는 구조로 되어 있습니다.

그런 중에 함의 자손들의 분포에 대해 언급하기를, "그의 나라는 시날 땅의 바벨과 에렉과 악갓과 갈레에서 시작되었다"(10:10)고 진술한 후에 11장에서 바벨탑을 쌓는 기사가 나옵니다. 이로 보건대 바벨탑을 쌓은 주동자들이 "함"의 자손들이었다는 점을 알게 됩니다.

먼저 인식해야 할 점은 홍수심판으로 말미암아 사탄을 추종하던 "뱀의 후손들"은 모두 멸절이 되고, "여자의 후손"은 "겨우 여덟 명"만 남았다는 점입니다. 그런데 우리를 놀라게 하고 긴장하게 하는 것은 남은 "여덟 명"이 또다시 두 부류, 즉 "여자의 후손과 뱀의 후손"으로 갈라지고 있다는 점을 성경이 보여주고 있기 때문입니다.

왜냐하면 사탄을 추종하던 인간들은 멸절이 되었으나 배후 조종자인 사탄은 홍수로 멸망을 당할 자가 아닌 영적인 존재이기 때문입니다.

두 부류로 나누이게 된 동기가 9장에 나오는데 노아가, "포도주를 마시고 취하여 그 장막 안에서 벌거벗은지라"(9:21) 한, 동일한 사건을 통해서 "벌거벗음"을 "알린 자(22)와, 하체를 덮어준 자"(23)로 갈라졌음을 보여주고 있습니다.

이처럼 "고한 자와, 덮어주었다"는 문제는 3장에서도, "누가 너의 벗었음을 네게 알렸느냐"(3:11) 하신 것과, "여호와 하나님이 아담과 그의 아내를 위하여 가죽옷을 지어 입히시니라"(3:21)고 대조적으로 등장하고 있습니다.

그러니까 "함"은 고발하는 사탄의 편에, 셈과 야벳은 덮어주신 하나님 편에 섰다는 점을 성경은 날카롭게 보여주고 있는 것입니다. 그리하여 함의 아들 "가나안은 저주를 받아"(25) 한 "저주를 받은 자"와, "셈의 하나님 여호와를 찬송하리로다"(26) 한, "찬송"으로 갈라지게 되었던 것입니다.

이런 일은 주님의 재림의 날에도, "두 여자가 맷돌질을 하고 있으매 한 사람은 데려가고 한 사람은 버려둠을 당할 것이니라"(마 24:41)고 일어나게 되리라고 경고하십니다.

그들이 바벨탑을 쌓는 동기가 무엇이라고 말씀하는가? "자, 성읍과 탑을 건설하여 그 탑 꼭대기를 하늘에 닿게 하여 우리 이름을 내고 온 지면에 흩어짐을 면하자"(4)고 말했다는 것입니다. 이는 변명의 여지가 없이 바벨탑을 쌓은 동기가 하나님을 대항하기 위해서였다는 점을 나타내는 언급인 것입니다. 이점이 "탑 꼭대기를 하늘에 닿게 하여 우리 이름을 내고"(4) 라는 말에 나타납니다.

또한 바벨탑을 무엇으로 쌓았는가를 언급하는 진술에도 나타나는데 "서로 말하되 자, 벽돌을 만들어 견고히 굽자 하고 이에 벽돌로 돌을 대신하며 역청으로 진흙을 대신하여"(3) 쌓았다고 말씀합니다.

"대신"이라는 말이 2번이나 강조되어 있는데, "벽돌로 돌을 대신하고,

역청으로 진흙을 대신 했다"는 언급은, 원칙(原則)적으로는, 즉 구속사적으로는 "돌과, 진흙"으로 쌓아야 옳은 것인데 이를 어기고 "벽돌과, 역청"으로 대신했다는 뜻이 함의되어 있는 것입니다.

그렇다면 이에 대한 구속사적인 의미가 무엇인가? 앞의 문맥으로는 방주에서 나온 노아가, "여호와께 제단을 쌓고 모든 정결한 짐승과 모든 정결한 새 중에서 제물을 취하여 번제로 제단에 드렸다"(8:20)는 "제단"(祭壇)과 결부가 되고, 구속사의 넓은 문맥으로는 하나님께서 모세에게, "내게 토단(土壇)을 쌓고 그 위에 네 양과 소로 네 번제와 화목제를 드리라 내가 내 이름을 기념하게 하는 모든 곳에서 네게 임하여 복을 주리라 네가 내게 돌로 제단을 쌓거든 다듬은 돌로 쌓지 말라 네가 정으로 그것을 쪼면 부정하게 함이니라"(출 20:24-25) 하신 경계(警戒)와 결부가 되는 것입니다. 한마디로 인위적(人爲的)인 소재(素材)로 쌓지 말라는 경고인 것입니다.

인간의 생각으로는 "다듬은 돌"로 쌓는 것이 정성스럽고 보기도 좋을 것으로 여겨지는데 어찌하여 "다듬은 돌로 쌓지 말라 네가 정으로 그것을 쪼면 부정하게 함이니라"하시는가? 이는 "단"(壇) 위에 드려지는 "번제와 화목제"가 누구의 무엇에 대한 그림자인가를 인식하는 자라면 분명해지는 진리입니다.

우리의 구원은 하나님의 아들 그리스도께서 단독적(單獨的)으로, 단번(單番)에 완성해주신 것이지 거기에다 "정으로 쪼듯" 무엇인가를 첨부해야 하는 것은 아니라는 것입니다. 만일 그렇게 한다면 그것은 "부정하게 함이니라", 즉 다른 복음이 되고 만다는 것입니다. 이점을 염두에 두고, "이에 벽돌로 돌을 대신하며 역청으로 진흙을 대신했다"(3) 라고, "대신"이라는 말을 강조하고 있는 것입니다. 이런 구속사적인 의미가 아니라면, "대신했다"는 언급은 무의미한 말이 되고 맙니다.

이점에서 유념해야 할 점은 "창세기, 출애굽기"등 5경은 모세에 의해 기록된 것이요, 기록 목적은 "이는 그가 내게 대하여 기록하였음이라"(욘 5:46), 즉 그리스도께서 이루실 구속사역을 증언하고 있다는 점입니다.

성경이 이점을 얼마나 중요하게 다루고 있는가를 보십시오. 신명기는 모세가 죽기 전에 행한 유언과 같은 3편의 설교로 되어 있는데 모세는 경계하기를 약속의 땅에 들어가서, "거기서 네 하나님 여호와를 위하여 제단 곧 돌단을 쌓되 그것에 쇠 연장을 대지 말지니라 너는 다듬지 않은 돌로 네 하나님 여호와의 제단을 쌓고 그 위에 네 하나님 여호와께 번제를 드릴 것이며"(신 27:5-6) 라고 엄히 경계했던 것입니다.

그리하여 가나안에 입성한, "여호수아가 이스라엘의 하나님 여호와를 위하여 에발 산에 한 제단을 쌓았으니 이는 여호와의 종 모세가 이스라엘 자손에게 명령한 것과 모세의 율법 책에 기록된 대로 쇠 연장으로 다듬지 아니한 새 돌로 만든 제단이라"(수 8:30-31)고 율법 책에 기록한 대로 준행했다는 점을 진술하고 있는 것만 보아도 그 중요성을 깨닫게 됩니다.

이런 맥락에서 "벽돌과, 역청"으로 쌓은 "바벨탑"은 인본주의 단이었던 것입니다. 이점이 우리에게 말씀하고자 하는 내용목적인 것입니다.

이것이 옛날이야기만이 아닌 것은 초대교회 “할례당들”은 이 진리를 망각하고, “너희가 모세의 법대로 할례를 받지 아니하면 능히 구원을 받지 못하리라”(행 15:1), 즉 철기(鐵器)를 가해야 구원을 얻는다고 말했던 것입니다.

그래서 사도 바울은, “그러나 우리나 혹은 하늘로부터 온 천사라도 우리가 너희에게 전한 복음 외에 다른 복음을 전하면 저주를 받을지어다”(갈 1:8) 라고 엄히 책망하면서 그들과 맞서 복음을 변증하고 보수했던 것입니다.

자, 그러면 현대교회가 쌓고 있는 단은, “벽돌로 돌을 대신하며 역청으로 진흙을 대신하여” 쌓고 있는 것은 아닌가 하고 묻게 됩니다. 또한 강단에서 선포되는 설교가 “말과 지혜의 아름다운 것으로 아니하고”, “다만 성령의 나타나심과 능력으로 하여 너희 믿음이 사람의 지혜에 있지 아니하고 다만 하나님의 능력에 있게”(고전 2:4-5) 하고 있는가? 아니면 쇠 연장으로 다듬듯 교회 프로그램이나, “설득력 있는 지혜의 말로” 하고 있는 것은 아닌지 심각하게 반성해야 할 것입니다. 이것이 “인본주의 단과 신본주의 단”입니다.

> 세상 풍조는 나날이 변하여도 나는 내 믿음 지키리니
>
> 인생 살다가 죽음이 꿈같으나 오직 내 꿈은 참되리라
>
> 나의 놀라운 꿈 정녕 나 믿기는 장차 큰 은혜 받을 표니
>
> 나의 놀라운 꿈 정녕 이루어져 주님 얼굴을 뵈오리라

Gustave Dore <The Tower of Babel>

창세기 12장 분석도표

주제 : 아브라함에게 메시아언약을 세워주신 하나님

메시아언약

1-3

12:1 여호와께서 아브람에게 이르시되 너는 너의 고향과 친척과 아버지의 집을 떠나

내가 네게 보여 줄 땅으로 가라

2 내가 너로 큰 민족을 이루고 네게 복을 주어 네 이름을 창대하게 하리니 너는 복이 될지라

3 너를 축복하는 자에게는 내가 복을 내리고 너를 저주하는 자에게는 내가 저주하리니

땅의 모든 족속이 너로 말미암아 복을 얻을 것이라 하신지라

말씀을 따라감

4-9

4 이에 아브람이 여호와의 말씀을 따라갔고 롯도 그와 함께 갔으며

아브람이 하란을 떠날 때에 칠십오 세였더라

5 아브람이 그의 아내 사래와 조카 롯과 하란에서 모은 모든 소유와 얻은 사람들을 이끌고

가나안 땅으로 가려고 떠나서 마침내 가나안 땅에 들어갔더라

6 아브람이 그 땅을 지나 세겜 땅 모레 상수리나무에 이르니

그 때에 가나안 사람이 그 땅에 거주하였더라

7 여호와께서 아브람에게 나타나 이르시되 내가 이 땅을 네 자손에게 주리라 하신지라

자기에게 나타나신 여호와께 그가 그 곳에서 제단을 쌓고

8 거기서 벧엘 동쪽 산으로 옮겨 장막을 치니 서쪽은 벧엘이요 동쪽은 아이라 그가 그 곳에서

여호와께 제단을 쌓고 여호와의 이름을 부르더니

9 점점 남방으로 옮겨갔더라

하나님의 훈련계획

10-20

10 그 땅에 기근이 들었으므로 아브람이 애굽에 거류하려고 그리로 내려갔으니

이는 그 땅에 기근이 심하였음이라

11 그가 애굽에 가까이 이르렀을 때에 그의 아내 사래에게 말하되 내가 알기에 그대는 아리따운 여인이라

12 애굽 사람이 그대를 볼 때에 이르기를 이는 그의 아내라 하여 나는 죽이고 그대는 살리리니

13 원하건대 그대는 나의 누이라 하라 그러면 내가 그대로 말미암아 안전하고 내 목숨이

그대로 말미암아 보존되리라 하니라

14 아브람이 애굽에 이르렀을 때에 애굽 사람들이 그 여인이 심히 아리따움을 보았고

15 바로의 고관들도 그를 보고 바로 앞에서 칭찬하므로 그 여인을 바로의 궁으로 이끌어 들인지라

16 이에 바로가 그로 말미암아 아브람을 후대하므로 아브람이

양과 소와 노비와 암수 나귀와 낙타를 얻었더라

17 여호와께서 아브람의 아내 사래의 일로 바로와 그 집에 큰 재앙을 내리신지라

18 바로가 아브람을 불러서 이르되 네가 어찌하여 나에게 이렇게 행하였느냐

네가 어찌하여 그를 네 아내라고 내게 말하지 아니하였느냐

19 네가 어찌 그를 누이라 하여 내가 그를 데려다가

아내를 삼게 하였느냐 네 아내가 여기 있으니 이제 데려가라 하고

20 바로가 사람들에게 그의 일을 명하매 그들이 그와 함께 그의 아내와 그의 모든 소유를 보내었더라

아브라함에게 메시아언약을 세워 주신 하나님

설교 작성노트

12장은 전환점이 되는 장이라 할 수가 있다. 왜냐하면 창세기 1장-11장은 하나님께서 모든 족속을 대상으로 다루셨는데 12장에서 부터는 "한 사람, 한 민족"을 택하셔서서 구원계획을 이루어 나가시기 때문이다. 이는 "홍수심판과, 바벨탑 사건"을 통해서, "사람의 마음이 계획하는 바가 어려서부터 악함"(8:21)이 드러났기 때문으로 여겨지는데, "모든 민족으로 자기들의 길들을 가게 방임하시고"(행 14:16), 구원계획의 초점을 아브라함에게 집중시키신다.

하나님은 아브라함에게, "땅의 모든 족속이 너로 말미암아 복을 얻을 것이라"(12:3)고 메시아언약을 세워주신다. 그런데 아브라함도 약속의 땅에 기근이 들자 언약을 신뢰하지 못하고 애굽으로 내려가, 자기 아내를 누이라고 했다가 빼앗기는 연약함을 보여주고 있다. 하나님께서 개입하시지 않으셨다면 어찌되었을 것인가? 이것이 우리의 모습인 것이다.

그러므로 구원계획은 하나님께서 주권적으로 이루어나가시는 행사라는 것을 증언하고자 하는 것이 본 설교의 내용목적이다. 이를 통해서 성도들의 신앙의 뿌리를 하나님의 언약의 말씀에 깊게 튼튼하게 세워주고자 하는 것이 적용목적이다.

강론

12장은 새로운 분기점이 되는 장입니다. 왜냐하면 하나님께서 이제(1장-11장)까지는 온 인류를 대상으로 다루셨으나, 12장에서부터는 아브람이라는 한 사람을 택하셔서 메시아언약을 세워주시고, 그 언약을 이삭과, 야곱에게 계승시켜 나가시기 때문입니다. 그러면 하나님께서 태하신 "아브람"은 누군가?

이점을 11장에서는 "셈의 족보는 이러하니라"(11:10) 하고, 아브람이 셈의 9대 손(25)임을 드러냅니다. 그러니까 "셋"의 줄기에서 노아가 태어나, "셈과 함과 야벳을 낳았고"(5:32), 노아의 세 아들 중 "셈"의 줄기에서 아브라함이 태어난 것입니다. 이는 누가복음 3장에 기록된 예수님의 족보와 일치합니다.

"여호와께서 아브람에게 이르시되 너는 너의 고향과 친척과 아버지의 집을 떠나 내가 네게 보여 줄 땅으로 가라"(1) 하십니다. 그러면 "보여 줄 땅"이 어디이며, 어찌하여 그"땅으로 가라" 하시는가?

하나님은, "내가 너로 큰 민족을 이루고 네게 복을 주어 네 이름을 창대하게 하리니 너는 복이 될지라"(2), 즉 여자의 후손인 그리스도를 아브라함의 자손으로 보내주시겠다고 언약하시는데, "보여 줄 땅"은 그리스도가 탄생하실 땅이었던 것입니다. 하나님께서는 "원복음"에 대한 계획을 구체화시켜나가시는 것입니다.

"네 이름을 창대하게 하리라" 하심은 바벨탑을 쌓으면서, "그 탑 꼭대기를 하늘에 닿게 하여 우리 이름을 내고"(11:4) 한 것과 대칭을 이루는 언급으로 그들은 자신들의 이름을 내려는 인본주의 도성을 건설하려 하였으나 하나님은, "여자의 후손"을 아브라함의 자손으로 보내셔서 하나님의 나라를 건설하시려는 것입니다.

이점에서 한마디 언급해야 할 점은 구약의 성도들은 어떻게 구원을 얻었는가 하는 점입니다. 아담으로부터 아브라함까지는 "원복음"을 믿음으로 구원을 얻었으나, 이제부터는 원복음이 전진(前進)을 하여 아브라함에게 세워주신 "메시아언약"을 믿음으로 하나님과의 교제가 유지되고 구원을 얻게 된다는 점입니다.

아브라함에게 세워주신 언약도 원복음의 구조와 동일하게, "내가---하리라" 하는 하나님의 주권적인 이루심으로 되어 있습니다. 1-3절에는 "내가" 라는 말이 4번이나 강조되어 하나님의 주권이 강력하게 나타타 있는데 이를 영문 번역으로 보면 더욱 분명해지는데 "I WILL", 즉 "내가 이룰 것이라"는 의지(意志)가 6번이나 나타납니다.

언약의 내용은, "땅을 주리라, 자손을 주리라, 복을 받으리라" 하신 3가지인데 핵심은, "자손"입니다. 즉 여자의 후손을 아브라함의 자손으로 보내시겠다는 메시아언약을 세워주신 것입니다. "지시할 땅"은 그리스도가 탄생하실 땅을 준비하심이요, "땅의 모든 족속이 너로 말미암아 복을 얻을 것이라"(3) 하심은 그리스도를 통해서 구원의 복을 얻게 될 것을 의미합니다.

아브람은 "여호와의 말씀을 따라갔다"고 말씀하는데 이것이 "믿음"인 것입니다. 반면 롯은, "그와 함께 갔으며"(4), 즉 아브람을 따라간 것입니다. 아브람이 가나안 땅에 도착하자 하나님께서 아브람에게 나타나, "내가 이 땅을 네 자손에게 주리라" 하십니다. 아브람은 자기에게 나타나신 여호와께 "그 곳에서 제단을 쌓고(7), 그 곳에서 여호와께 제단을 쌓고 여호와의 이름을 부르더니"(8)하고 "제단"을 쌓았다 합니다. 이는 원복음으로 부터 이어져 내려오는, "메시아언약"을 믿었다는 증거입니다.

그런데 "말씀을 따라 간, 그 땅에 기근이 심했다"(10)는 것은 어찌된 일인가? 기근을 피하여 애굽으로 내려간 아브람은 언약의 씨를 생산해야 할, "생명의 어머니"(3:20)인 사라를 빼앗길 위기에 처하게 됩니다. 그렇다면 "그 땅에 기근이 심했다"는 것과, 애굽으로 내려가는 아브람을 막으시지 아니하신 하나님의 의도가 무엇인가 하는 점입니다.

아브람을 부르실 때에는 그가 담당해야 할 사명이 있기 때문인데 그 절정(絶頂)이, "네 사랑하는 독자 이삭을 번제로 드리라"(22:2) 하신 역할입니다. 이는 하나님께서 사랑하는 자기 아들을"대속물"로 내어주실 것을 예표로 보여주시려는 것인데 이를 감당하기 위해서는, "자기를 의지하지 말고 오직 죽은 자를 다시 살리시는 하나님만 의지하게"(고후 1:9) 하시려는 훈련이 필요했기 때문입니다. 이점을 신약성경은, "그가 믿은바 하나님은 죽은 자를 살리시며 없는 것을 있는 것으로 부르시는 이시니라"(롬 4:17)고 증언합니다.

"여호와께서 아브람의 아내 사래의 일로 바로와 그 집에 큰 재앙을 내리신지라"(17) 하고, 하나님께서 개입하셔서 막아주심으로 문제가 해결이 됩니다. 이렇게 하신 것은 아브람에게 무슨 자격이 있어서가 아니라, 하나님의 구원계획을 성취하시려는 주권적인 역사임을 명심해야만 합니다.

본문이 우리에게 적용되는바가 무엇인가? 첫째는 믿음의 근거를 천지는 변해도 변치 아니할 하나님의 언약에 세워야 한다는 점입니다. 그리하여"주의 말씀은 내 발에 등이요 내 길에 빛이니이다"(시 119:105) 한 여호와의 말씀을 따라 살아가는 것이고, 둘째는 우리에게도 같은 훈련과 연단이 있다는 점입니다.

이를 사도 바울은, "형제들아 우리가 아시아에서 당한 환난을 너희가 모르기를 원하지 아니하노니 힘에 겹도록 심한 고난을 당하여 살 소망까지 끊어지고 우리는 우리 자신이 사형 선고를 받은 줄 알았으니 이는 우리로 자기를 의지하지 말고 오직 죽은 자를 다시 살리시는 하나님만 의지하게 하심이라"(고후 1:8-9)고 진술합니다. 이것이 "아브라함에게 메시아언약을 세워주신 하나님"입니다.

> 주의 약속하신 말씀 위에서 성령 인도하는 대로 행하며
> 주님 품에 항상 안식 얻으며 약속 믿고 굳게 서리라
> 굳게 서리 영원하신 말씀 위에 굳게 서리
> 굳게 서리 그 말씀 위에 굳게 서리라

창세기 14:13-15:1절 분석도표

주제 : 어느 왕의 영접을 받을 것인가?

롯을 구출함	**13-16** 13 도망한 자가 와서 히브리 사람 아브람에게 알리니 　그 때에 아브람이 아모리 족속 마므레의 상수리 수풀 근처에 거주하였더라 　마므레는 에스골의 형제요 또 아넬의 형제라 이들은 아브람과 동맹한 사람들이더라 **14 아브람이 그의 조카가 사로잡혔음을 듣고** 집에서 길리고 훈련된 자 　**삼백십팔 명을 거느리고 단까지 쫓아가서** 15 그와 그의 가신들이 나뉘어 밤에 그들을 쳐부수고 다메섹 왼편 호바까지 쫓아가 16 모든 빼앗겼던 재물과 **자기의 조카 롯과 그의 재물과 또 부녀와 친척을** 다 찾아왔더라
두 왕의 영접	**17-21** 17 아브람이 그돌라오멜과 그와 함께 한 왕들을 쳐부수고 돌아올 때에 　소돔 왕이 사웨 골짜기 곧 왕의 골짜기로 나와 그를 영접하였고 18　살렘 왕 멜기세덱이 → 떡과 포도주를 가지고 나왔으니 　그는 지극히 높으신 하나님의 제사장이었더라 19 그가 아브람에게 축복하여 이르되 천지의 주재이시요 지극히 높으신 하나님이여 　아브람에게 복을 주옵소서 20 너희 대적을 네 손에 붙이신 지극히 높으신 **하나님을 찬송할지로다** 하매 　아브람이 그 얻은 것에서 **십분의 일을** 멜기세덱에게 주었더라 21 소돔 왕이 아브람에게 이르되 사람은 내게 보내고 물품은 네가 가지라
아브람의 결단	**22-24** 22 아브람이 소돔 왕에게 이르되 **천지의 주재이시요 지극히 높으신 하나님 여호와께** 　**내가 손을 들어 맹세하노니** 23 네 말이 내가 아브람으로 치부하게 하였다 할까 하여 네게 속한 것은 　실 한 오라기나 들메끈 한 가닥도 내가 가지지 아니하리라 24 오직 젊은이들이 먹은 것과 나와 동행한 아넬과 에스골과 마므레의 분깃을 제할지니 　그들이 그 분깃을 가질 것이니라
방패와 상급	**15:1** 1 이 후에 여호와의 말씀이 환상 중에 아브람에게 임하여 이르시되 　**아브람아 두려워하지 말라** 나는 네 방패요 　너의 지극히 큰 상급이니라

어느 왕의 영접을 받을 것인가?

설교 작성노트

14장은 성경에 등장하는 최초의 전쟁 기사다. 이는 롯이 4왕과 5왕의 전쟁에 말려들어 포로가 되었기 때문이다. 롯은 애굽에서 올라온 아브라함이, "나를 떠나가라 네가 좌하면 나는 우하고 네가 우하면 나는 좌하리라"고 우선적인 선택권을 주자, "여호와께서 소돔과 고모라를 멸하시기 전이었으므로 여호와의 동산 같고 애굽 땅과 같았더라"(창 13:9-10) 한 소돔 땅을 선택했다가 화를 당한 것이다.

승리하고 돌아오는 아브라함을 두 왕이 영접을 하는데 어느 왕의 영접을 받을 것인가 하는 것이 내용목적이고, 이를 통해서 그리스도인의 삶의 목적과 가치관을 확립시키고자 하는 것이 적용목적이라 하겠다.

14장은 성경에 등장하는 최초의 전쟁 기사인데, "네 왕이 곧 그 다섯 왕과 맞서니라"(9) 합니다. 이 같은 전쟁 기사를 기록하게 된 이유는, "아브람은 가나안 땅에 거주하였고 롯은 그 지역의 도시들에 머무르며 그 장막을 옮겨 소돔까지 이르렀더라"(13:12) 한 롯이 사로잡혀 갔기 때문입니다.

아브라함은 "그의 조카가 사로잡혔음을 듣고 집에서 길리고 훈련된 자 삼백십팔 명을 거느리고 단까지 쫓아가서, 모든 빼앗겼던 재물과 자기의 조카 롯과 그의 재물과 또 부녀와 친척을 다 찾아왔더라"(14-16) 합니다.

"4왕과, 5왕"의 전쟁하는 마당에 집에서 양육한 318명이란 적은 수에 불과했을 것입니다. 그럼에도 불구하고 승리하고 사로잡혀갔던 사람과 물품을 도로 찾아올 수 있었던 것은, "너희 대적을 네 손에 붙이신 지극히 높으신 하나님을 찬송할지로다"(20) 한, 하나님이 붙여주셨기 때문입니다.

개선하는 아브라함은 두 왕, 즉 "소돔 왕과, 살렘 왕 멜기세덱"(17-18)의 영접을 받게 됩니다. 살렘 왕"에 대해 시편에서는, "여호와는 맹세하고 변하지 아니하시리라 이르시기를 너는 멜기세덱의 서열을 따라 영원한 제사장이라 하셨도다"(시 110:4)고 예언하고, 신약성경은 "그 이름을 해석하면 먼저는 의의 왕이요 그 다음은 살렘 왕이니 곧 평강의 왕이요 아버지도 없고 어머니도 없고 족보도 없고 시작한 날도 없고 생명의 끝도 없어 하나님의 아들과 닮아서 항상 제사장으로 있느니라"(히 7:2-3)

한, 그리스도를 예표하는 왕이요, 제사장입니다.

㉠ 소돔 왕은, "사람은 내게 보내고 물품은 네가 가지라"(21)고 말합니다.

㉡ 살렘 왕 멜기세덱은, "천지의 주재이시요 지극히 높으신 하나님이여 아브람에게 복을 주옵소서" 하고 축복하면서, "너희 대적을 네 손에 붙이신 지극히 높으신 하나님을 찬송할지로다"(19-20)고 영광을 아브라함이 아닌 하나님께 돌립니다.

소돔 왕은, "물품은 네가 가지라", 즉 부귀와 영화를 준다고 말하고, 살렘 왕은 "하나님이여 아브람에게 복을 주옵소서" 하고 하나님의 복을 줍니다. 자, 아브라함은 어느 왕이 주는 것을 택할 것인가? 혹시 형제는 두 왕이 주는 것을 함께 가지려 하지는 않습니까?

그것은 불가능한 것입니다. 주님은, "한 사람이 두 주인을 섬기지 못할 것이니 혹 이를 미워하고 저를 사랑하거나 혹 이를 중히 여기고 저를 경히 여김이라 너희가 하나님과 재물을 겸하여 섬기지 못하느니라"(마 6:24)고 말씀하십니다.

아브라함은 소돔 왕에게, "천지의 주재이시요 지극히 높으신 하나님 여호와께 내가 손을 들어 맹세하노니 네 말이 내가 아브람으로 치부(致富)하게 하였다 할까 하여 네게 속한 것은 실 한 오라기나 들메끈 한 가닥도 내가 가지지 아니하리라"(22-23)고 일언직하에 거절합니다. 거절한 이유가 무엇인지 아시겠습니까?

12장에서 하나님께서는 아브라함에게, "내가 너로 큰 민족을 이루고 네게 복을 주어 네 이름을 창대하게 하리니 너는 복이 될지라 너를 축복하는 자에게는 내가 복을 내리고 너를 저주하는 자에게는 내가 저주하리니 땅의 모든 족속이 너로 말미암아 복을 얻을 것이라"(2-3)고 언약을 세워주셨기 때문입니다. 살렘 왕도, "천지의 주재이시요 지극히 높으신 하나님이여 아브람에게 복을 주옵소서"라고 축복하고 있지 아니한가!

그런데 소돔 왕이 주는 물품을 취한다면 어찌 되는가? 그는 뒤에 가서, "내가 아브람으로 치부하게 하였다"고 나팔을 불 것이 분명한데 그렇게 되면 하나님께 돌려야 할 영광을 소돔 왕이 가로채는 것이 되고 말기 때문인 것입니다. 그렇습니다. 우리는 소돔 왕(물질)과 천지의 주재이신 하나님을 겸하여 섬길 수는 없는 것입니다. 양자택일의 결단을 해야만 하는 것입니다.

이런 맥락에서 살렘 왕이, "떡과 포도주를 가지고" 왔다 한 것은 의미심장합니다. 살렘 왕이 그리스도를 예표하는 인물이 분명하다면 그가 주는 "떡과 포도주"를 통해서 성찬(聖餐)을 연상한다는 것은 비약이 아닙니다. 성찬의 의미는 무엇이며, 무엇을 행한 후에 받아야 마땅한가? 성찬의 모형인 "유월절"은, "너희는 그것을 이렇게 먹을지니 허리에 띠를 띠고 발에 신을 신고 손에 지팡이를 잡고 급히 먹으라 이것이 여호와의 유월절이니라"(출 12:11) 하십니다. 이는 출정(出征)하려는 여호와의 군대의 전투태세인 것입니다.

그렇습니다. 살렘 왕이 "떡과 포도주"를 가지고 아브라함을 찾아온 시점은, "그와 그의 가신들이 나뉘어 밤에 그들을 쳐부수고 다메섹 왼편 호바까지 쫓아가 모든 빼앗겼던 재물과 자기의 조카 롯과 그의 재물과 또 부녀와 친척을 다 찾아왔더라"(15-16) 한, 선한 싸움을 싸운 후라는 점을 주목해야만 합니다. 성찬은 선한 싸움을 싸운 후에 승리한 전사들이 받을 때에 감사와 감격이 더욱 넘치게 되는 것입니다.

그런데 14장의 기사는 15장의, "이 후에 여호와의 말씀이 환상 중에 아브람에게 임하여 이르시되 아브람아 두려워하지 말라 나는 네 방패요 너의 지극히 큰 상급이니라"(15:1) 하는 말씀으로 이어지고 있습니다. 어떤 의미인가?

아브라함에게는 두 가지, 즉 염려와 미련이 있었는데 첫째로 "염려"란 적은 무리에게 기습을 당하여 패한 4왕이 복수하기 위해서 반격해 올 것이 두려웠고, 둘째로 "미련"은 "네게 속한 것은 실 한 오라기나 들메끈 한 가닥도 내가 가지지 아니하리라"(23)고 깨끗이 포기한 물질에 대한 집착입니다. 이치로 따진다면 아브라함은 노획물을 차지할 자격이 있었던 것입니다. "절반만 달라고 할껄"!

이를 아시는 하나님께서는 첫째로, "두려워하지 말라 나는 네 방패요", 즉 염려하지 말라 내가 막아줄 것이라 하십니다. 둘째로, "너의 지극히 큰 상급이니라", 즉 "내 이름과 영예를 위하여 깨끗이 포기했으니 내가 몇 십, 몇 백 갑절로 갚아주겠다"는 뜻입니다.

이처럼 하나님의 이름과 영광을 우선순위에 둔 사람들이 있습니다. "믿음으로 모세는 장성하여 바로의 공주의 아들이라 칭함 받기를 거절하고 도리어 하나님의 백성과 함께 고난 받기를 잠시 죄악의 낙을 누리는 것보다 더 좋아하고 그리스도를 위하여 받는 수모를 애굽의 모든 보화보다 더 큰 재물로 여겼으니 이는 상 주심을 바라봄이라"(히 11:24-26) 합니다.

사도 바울은 로마 옥중에서 빌립보 성도들이 보내준 예물을 받고는 그들에게 고맙다는 치하를 하기에 앞서서, "내가 궁핍하므로 말하는 것이 아니니라 어떠한 형편에든지 나는 자족하기를 배웠노니 나는 비천에 처할 줄도 알고 풍부에 처할 줄도 알아 모든 일 곧 배부름과 배고픔과 풍부와 궁핍에도 처할 줄 아는 일체의 비결을 배웠노라 내게 능력 주시는 자 안에서 내가 모든 것을 할 수 있느니라"(빌 4:11-13)고, 자신에게 "능력을 주시는 자"가 계시다고 진술합니다. 무슨 뜻인가?

박해자 사울을 부르셔서 사도로 세우시고 때를 따라 감당할 "능력을 주시는 자"가 누군가? 예수 그리스도십니다. 그런데 예물을 받았다고 자신의 주(主)가 되시는 그리스도는 잊어버리고 곧바로 사람들에게 고맙다고 말한다면 자신을 불러주신 예수 그리스도의 이름과 명예가 어떻게 된단 말인가?

"나는 누가 면회를 오지 않나? 좀 도와주지 않나?" 하고 처량한 모습을 하고 있지 않았다. 왜냐하면 "내게 능력 주시는 자 안에서 내가 모든 것을 할 수 있기" 때문이라고 우선적으로 주님을 높여 드렸던 것입니다. 그런 후에야, "그러나 너희가 내 괴로움에 함께 참여하였으니 잘 하였도다"(빌 4:14)고 그들의 노고를 치하합니다.

형제는 "왕 같은 제사장"입니다. 그렇다면 제사장 지파의 기업이 무엇인지 알고 있습니까? "여호와께서 또 아론에게 이르시되 너는 이스라엘 자손의 땅에 기업도 없겠고 그들 중에 아무 분깃도 없을 것이나 내가 이스라엘 자손 중에 네 분깃이요 네 기업이니라"(민 18:20), 즉 하나님 자신이 "기업"이라고 말씀하십니다. 형제는 "하나님 자신과 세상이 주는 복" 중 어느 것을 택할 것입니까? 이것이 "어느 왕의 영접을 받을 것인가?" 하는 의미입니다.

이 전에 세상 낙 기뻤어도 지금 내 기쁨은 오직 예수

다만 내 비는 말 내 구주 예수를 더욱 사랑 더욱 사랑 -아멘-

창세기 15:2-21절 분석도표

주제 : 믿음을 의로 여겨주신 하나님

2-6

2 아브람이 이르되 주 여호와여 무엇을 내게 주시려 하나이까 나는 자식이 없사오니 나의 상속자는 이 다메섹 사람 엘리에셀이니이다

3 아브람이 또 이르되 주께서 내게 씨를 주지 아니하셨으니 내 집에서 길린 자가 내 상속자가 될 것이니이다

4 여호와의 말씀이 그에게 임하여 이르시되 그 사람이 네 상속자가 아니라 네 몸에서 날 자가 네 상속자가 되리라 하시고

5 그를 이끌고 밖으로 나가 이르시되 하늘을 우러러 뭇별을 셀 수 있나 보라 또 그에게 이르시되 네 자손이 이와 같으리라

6 아브람이 여호와를 믿으니 여호와께서 이를 그의 의로 여기시고

7-16

7 또 그에게 이르시되 나는 이 땅을 네게 주어 소유를 삼게 하려고 너를 갈대아인의 우르에서 이끌어 낸 여호와니라

8 그가 이르되 주 여호와여 내가 이 땅을 소유로 받을 것을 무엇으로 알리이까

9 여호와께서 그에게 이르시되 나를 위하여 삼 년 된 암소와 삼 년 된 암염소와 삼 년 된 숫양과 산비둘기와 집비둘기 새끼를 가져올지니라

10 아브람이 그 모든 것을 가져다가 그 중간을 쪼개고 그 쪼갠 것을 마주 대하여 놓고 그 새는 쪼개지 아니하였으며

11 솔개가 그 사체 위에 내릴 때에는 아브람이 쫓았더라

12 해 질 때에 아브람에게 깊은 잠이 임하고 큰 흑암과 두려움이 그에게 임하였더니

13 여호와께서 아브람에게 이르시되 너는 반드시 알라 네 자손이 이방에서 객이 되어 그들을 섬기겠고 그들은 사백 년 동안 네 자손을 괴롭히리니

14 그들이 섬기는 나라를 내가 징벌할지며 그 후에 네 자손이 큰 재물을 이끌고 나오리라

15 너는 장수하다가 평안히 조상에게로 돌아가 장사될 것이요

16 네 자손은 사대 만에 이 땅으로 돌아오리니 이는 아모리 족속의 죄악이 아직 가득 차지 아니함이니라 하시더니

17-21

17 해가 져서 어두울 때에 연기 나는 화로가 보이며 타는 횃불이 쪼갠 고기 사이로 지나더라

18 그 날에 여호와께서 아브람과 더불어 언약을 세워 이르시되 내가 이 땅을 애굽 강에서부터 그 큰 강 유브라데까지 네 자손에게 주노니

19 곧 겐 족속과 그니스 족속과 갓몬 족속과

20 헷 족속과 브리스 족속과 르바 족속과

21 아모리 족속과 가나안 족속과 기르가스 족속과 여부스 족속의 땅이니라 하셨더라

믿음을 의로 여겨주신 하나님

설교 작성노트

15장은 하나님께서 아브라함에게 3번째 언약을 세워주시는 내용인데 구속사에 있어서 중요한 주제가 등장한다. 그것은 아브라함이 "여호와를 믿으니 여호와께서 이를 그의 의로 여기셨다"(6)는 말씀이다. "아벨"이 의롭다함을 얻었다는 것은 신약성경에 의한 증언이나 구약성경상 하나님께로부터 친히 의롭다함을 얻었다는 것은 아브라함이 처음인 것이다. 그러므로 아브라함이 어떻게 해서 의롭다함을 얻었는가 하는 것을 증언하고자 하는 것이 내용목적이다.

구속사에 있어서 사람이 의롭게 되는 것"(갈 2:16)이란 주제는 불의한 자가 되어 하나님 존전에서 추방을 당한 아담의 후예들이 풀어야 할 가장 큰 난제인데 신약성경은, "하나님의 의가 나타났다"(롬 1:17)는 것이 복음이라고 정의하고 있다. 루터는 그 교회가 서 있는 교회인가? 넘어지는 교회인가는 칭의교리에 서 있는 여부에 달렸다고 말한다. 그러므로 본문을 통해서 칭의교리에 확고하게 세워주고자 하는 것이 적용목적이다.

강론

아담과 하와가 하나님 앞에서 추방을 당한 원인이 무엇인지 말해줄 수 있습니까? "의와 불법이 어찌 함께 하며 빛과 어둠이 어찌 사귀며"(고후 6:14), 즉 하나님은 의로우신데 아담 하와는 불의 한 자가 되었기 때문에 "빛" 앞에서 "어둠"이 물러나듯 추방을 당한 것입니다.

그러므로 "의롭다함"을 얻어야만 하나님 앞으로 돌아갈 수가 있는 것입니다. 그런데 성경은, "율법의 행위로 그의 앞에 의롭다 하심을 얻을 육체가 없나니"(롬 3:20), 즉 인간의 행위로는 불가능하다고 단언합니다.

그러므로 하나님의 구원계획에 있어서 해결해야 할 가장 큰 난제(難題)는 "사람이 어떻게 의롭다함을 얻을 수가 있는가?" 하는 문제인 것입니다. 의롭다함 만 얻는 다면 하나님 앞으로 돌아갈 수가 있고 하나님과 화목할 수가 있기 때문입니다.

그런데 본문에서, "아브람이 여호와를 믿으니 여호와께서 이를 그의 의로 여기셨다"(6)는 말씀을 대하게 된다는 것은 놀랍고도 기쁜 소식 곧 복음인 것입니다. 그러면 아브라함은 어떻게 의롭다함을 얻었는가?

6절은 두 마디로 되어 있는데 ㉠ "여호와를 믿으니", ㉡ "의로 여기시고", 즉 행함이 아닌 믿음으로 의롭다함을 받았다고 말씀합니다. 그러면 아브라함의 "믿음"은 무엇을 믿은 믿음인가?

"그를 이끌고 밖으로 나가 이르시되 하늘을 우러러 뭇별을 셀 수 있나 보라 또 그에게 이르시되 네 자손이 이와 같으리라"(5) 하신 하나님의 언약(言約)을 믿은 "믿음"인 것입니다. 이것이 3번째 세워주신 메시아언약 인데 핵심은 "자손"에 있습니다.

이점을 신약성경에서는, "이 약속들은 아브라함과 그 자손에게 말씀 하신 것인데 여럿을 가리켜 그 자손들이라 하지 아니하시고 오직 한 사 람을 가리켜 네 자손이라 하셨으니 곧 그리스도라"(갈 3:16) 합니다.

"또 하나님이 이방을 믿음으로 말미암아 의로 정하실 것을 성경이 미 리 알고 먼저 아브라함에게 복음을 전하되 모든 이방인이 너로 말미암 아 복을 받으리라 하였느니라"(갈 3:8)고 증언하고 있습니다. 그렇다면 아브라함도 "복음(福音)전함을 듣고, 그리스도를 믿음으로" 의롭다함을 얻었다는 놀라운 논리가 성립이 되는 것입니다. 그렇습니다. 신구약을 막론하고, "다른 이로써는 구원을 받을 수 없나니 천하 사람 중에 구원을 받을 만한 다른 이름을 우리에게 주신 일이 없음이라"(행 4:12)고 증언 합니다.

성경은 "살리라", 즉 구원을 얻는 두 가지 방도를 제시하고 있는데 ㉠ 첫째는, "율법을 행하는 자는 그 가운데서 살리라"(갈 3:12) 한, "행함"으 로 사는 방도요, ㉡ 둘째는 "의인은 믿음으로 살리라"(갈 3:11) 한 "믿음" 으로 사는 방도입니다.

그러면 율법을 행함으로 하나님 앞에 의롭다함을 얻고 자기 행위로 구원을 얻은 자가 있단 말인가? 성경은, "의인은 없나니 하나도 없다"(롬

3:10)고 말씀합니다. 그 책임이 율법에 있는 것이 아니라, "율법이 육신으로 말미암아 연약하여 할 수 없는" 인간의 연약(軟弱), 즉 전적타락, 전적부패로 말미암아 율법을 온전히 행할 수 없는 인간에게 있다는 것입니다.

그것을, "하나님은 하시나 곧 죄로 말미암아 자기 아들을 죄 있는 육신의 모양으로 보내어 육신에 죄를 정하사"(롬 8:3) 행해주신 것입니다. 이를 믿으면 구원을 얻는 것입니다. 이런 의미가, "아브람이 여호와를 믿으니 여호와께서 이를 그의 의로 여기시고"(6) 한 말씀에 함의되어 있었던 것입니다.

바울 사도는 로마서에서, "그런즉 육신으로 우리 조상인 아브라함이 무엇을 얻었다 하리요"(롬 4:1) 라고 묻고 있습니다. 다시 말하면, "고향과 친척과 아버지의 집을 떠나"(창 12:1), 즉 모든 것을 포기하고 하나님의 말씀을 따라간 아브라함이 무엇을 얻었단 말이냐고 묻고 있는 것입니다.

"성경이 무엇을 말하느냐 아브라함이 하나님을 믿으매 그것이 그에게 의로 여겨진바 되었느니라"(롬 4:3), 즉 "의롭다함"을 얻었다고 말씀합니다. 이처럼 하나님께 의롭다함을 얻는다는 것은 중요한 일이요, 사활이 걸려 있는 문제인 것입니다.

"아브라함이 무엇을 얻었다 하리요?"라는 질문은 나 자신은, "예수 그리스도를 믿고 무엇을 얻었단 말인가" 자문하게 하고, 설교자에게는 "성도들에게는 무엇을 얻게 해주었는가?" 라고 성찰하게 합니다.

"믿음으로 의롭다함을 얻는다"는 방도를 선지자를 통해서도 계시하셨는데 하박국 선지자는 답답하고 암담한 마음으로, "내가 내 파수하는 곳에 서며 성루에 서리라 그가 내게 무엇이라 말씀하실는지 기다리고 바라보며 나의 질문에 대하여 어떻게 대답하실는지 보리라"고 하나님의 대답을 기다립니다.

하나님은 그에게, "의인은 그의 믿음으로 말미암아 살리라"(합 2:1, 4)고 말씀하셨습니다. 이 말씀이 신약성경에서 중요한 주제를 증언할 때에 3번이나 근거 구절로 인용되고 있습니다.

① 첫 번은, "기록된바 오직 의인은 믿음으로 말미암아 살리라 함과 같으니라"(롬 1:17)고, 믿음으로 구원을 얻는다는 복음을 증언할 때 인용을 하고,

② 두 번째는, "하나님 앞에서 아무도 율법으로 말미암아 의롭게 되지 못할 것이 분명하니 이는 의인은 믿음으로 살리라 하였음이라"(갈 3:11)고, 다른 복음에 맞서 복음을 변증할 때 인용을 하고,

③ 세 번째는, "나의 의인은 믿음으로 말미암아 살리라 또한 뒤로 물러가면 내 마음이 그를 기뻐하지 아니하리라 하셨느니라"(히 10:38)고, 믿음을 버리고 유대교로 후퇴하려는 자들을 경계할 때에 인용을 하고 있습니다.

본문에서 아브라함은 두 가지를 묻고 있는데 첫째는, "무엇을 내게 주시려나이까"(2) 합니다. 하나님은, "네 자손이 이 같으리라"(5)고, "자손"을 주시겠다 하십니다. 둘째는, "무엇으로 알리이까"(8) 한 질문인데 하나님께서는, "나를 위하여 삼 년 된 암소와 삼 년 된 암염소와 삼 년 된 숫

양과 산비둘기와 집비둘기 새끼를 가져올지니라"(9) 하십니다. 그런데 아브라함은, "그 모든 것을 가져다가 그 중간을 쪼개고 그 쪼갠 것을 마주 대하여 놓고"(10) 합니다. 이렇게 한 것은 하나님의 의도를 알았다는 뜻인데, 왜냐하면 이는 고대 유목민들의 언약(렘 34:18)을 맺는 의식이었기 때문입니다.

"해가 져서 어두울 때에 연기 나는 화로가 보이며 타는 횃불이 쪼갠 고기 사이로 지나더라"(17) 합니다. 언약 당사자인 아브라함도 지나갔어야 마땅합니다. 그러나 아브라함은 지나가지 않았습니다. 왜냐하면 하나님께서 아브라함에게 세워주신 메시아언약은 일방적(一方的)인 은혜언약이었기 때문입니다. "무엇으로 알리이까" 하는 아브라함에게 하나님께서는 만일 내가 이 언약을 지키지 아니하면 나를 쪼개도 좋다고 말씀하신 셈입니다.

본문이 우리에게 어떻게 적용이 되는가? "그에게 의로 여겨졌다 기록된 것은, 아브라함만 위한 것이 아니요 의로 여기심을 받을 우리도 위함이라"(롬 4:23-24)고 말씀합니다. 그러면 아브라함이 의롭다함을 얻은 믿음은 어떤 믿음이며, 우리는 무엇을 믿음으로 의롭다함을 얻을 수가 있는가? 라고 묻게 됩니다.

아브라함이, "믿은바 하나님은 죽은 자를 살리시며 없는 것을 있는 것으로 부르시는 이시니라" 합니다. 왜냐하면 "백세나 되어 자기 몸이 죽은 것 같고 사라의 태가 죽은 것 같은"(롬 4:17, 19) 것을 알면서도 "하늘을 우러러 뭇별을 셀 수 있나 보라, 네 자손이 이와 같으리라"(창 15:5) 하신 약속을 이루실 것을 확신했기 때문입니다.

하나님은 아브라함에게 세워주신 언약대로 그리스도를 그의 자손으로 보내주셨고, 말씀하신 대로 "믿음으로 의롭다함을 얻는" 복음을 이루어주셨던 것입니다. 그러면 형제가 믿는 하나님은 어떤 하나님이며, 형제의 믿음은 무엇을 믿는 믿음입니까?

우리가 믿는 하나님은, "곧 예수 우리 주를 죽은 자 가운데서 살리신" 하나님이시며, 우리의 믿음은, "예수는 우리가 범죄한 것 때문에 내줌이 되고 또한 우리를 의롭다 하시기 위하여 살아나셨나니라"(롬 4:24-25)한, "죽으시고 다시 사신 것"을 믿는 믿음인 것입니다. 이것이 의롭다함을 얻는 믿음이요, 이것이 "믿음을 의로 여겨주신 하나님"입니다.

주님 밝은 빛 되사 어둠 헤치니 나의 모든 것 다 변했네
지금 내가 주 앞에 온전케 됨은 주의 공로를 의지함 일세
나의 모든 것 변하고 그 피로 구속 받았네
하나님은 나의 구원 되시오니 내게 정죄함 없겠네

창세기 17:1-14절 분석도표

주제 : 내가 하리니, 너는 되리라

네번째 메시아언약

1-8

1 아브람이 **구십구 세 때에** 여호와께서 아브람에게 나타나서 그에게 이르시되

> 나는 전능한 하나님이라

> 너는 내 앞에서 행하여 완전하라

2 내가 내 언약을 나와 너 사이에 두어 너를 크게 번성하게 하리라 하시니

3 아브람이 엎드렸더니 하나님이 또 그에게 말씀하여 이르시되

4 보라 내 언약이 너와 함께 있으니 너는 여러 민족의 아버지가 될지라

5 이제 후로는 네 이름을 아브람이라 하지 아니하고 아브라함이라 하리니 이는

> 내가 너를 여러 민족의 아버지가 되게 함이니라

6 내가 너로 심히 번성하게 하리니 내가 네게서 민족들이 나게 하며

> 왕들이 네게로부터 나오리라

7 내가 **내 언약을** 나와 너 및 네 대대 후손 사이에 세워서 **영원한 언약을 삼고**

> 너와 네 후손의 하나님이 되리라

8 내가 너와 네 후손에게 네가 거류하는 이 땅 곧 가나안 온 땅을 주어

> 영원한 기업이 되게 하고 나는 그들의 하나님이 되리라

언약의 표징

9-14

9 하나님이 또 아브라함에게 이르시되 그런즉 너는 내 **언약을** 지키고 네 후손도 대대로 지키라

10 너희 중 남자는 **다 할례를 받으라** 이것이 나와 너희와 너희 후손 사이에 지킬 **내 언약이니라**

11 너희는 포피를 베어라 이것이 나와 너희 사이의 **언약의 표징이니라**

12 너희의 대대로 모든 남자는 집에서 난 자나 또는 너희 자손이 아니라 이방 사람에게서 돈으로

> 산 자를 막론하고 난 지 팔 일 만에 할례를 받을 것이라

13 너희 집에서 난 자든지 너희 돈으로 산 자든지 할례를 받아야 하리니

> 이에 내 **언약이** 너희 살에 있어 영원한 **언약이** 되려니와

14 할례를 받지 아니한 남자 곧 그 포피를 베지 아니한 자는 백성 중에서 끊어지리니

> **그가 내 언약을 배반하였음이니라**

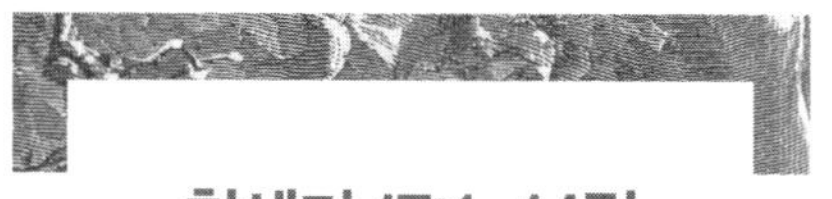

내가 하리니, 너는 되리라

설교 작성노트

17장은 하나님께서 아브라함에게 4번째로 메시아언약을 세워주시는 내용이다. 하나님은 아브라함에게, "나는 전능한 하나님이라" 하신다. 이는 16장에서 아브라함이 하나님의 뜻을 인간의 방법으로 이루려고 하갈을 첩으로 얻은 것과 결부되는 하나님의 자기계시다.

그러므로 본문에 하나님의 주권을 나타내는 "나, 또는 내"가 20번이나 강조되어 있는데 구원계획은, "네가 이루는 것이 아니라 내가 주권적으로 이루는 전능의 하나님이라"는 말씀이다. 그리고 "너"가 19번이나 강조되어 있는데 "내가 하리니---너는 되리라"는 말씀이시다. 이것이 본 설교를 통해서 증언하고자 하는 내용목적이다.

그러면 우리가 행해야 할 일은 무엇인가? 언약을 믿고, "내 앞에서 완전하라" 하시는 신전신앙이 적용목적이라 하겠다.

강론

17장은 아브라함이 구십구 세 때에 하나님께서 나타나시어, "나는 전능한 하나님이라 너는 내 앞에서 행하여 완전하라"(1) 하시는 말씀으로 시작이 됩니다. 이는 두 마디로 되어 있는데 첫째는, "나는 전능한 하나님이라" 하십니다. 이 시점에서 어찌하여 "전능한 하나님"으로 계시하시는가? 아브라함과 사라는 점점 늙어가므로 불가능한 것으로 여기고 하나님께서 주시겠다는 "자손"을 하갈을 통해서 인간의 방법으로 이루려 했기 때문입니다.

이런 맥락에서, "나는 전능한 하나님이라" 하심은, "구원계획은 네가 이루는 것이 아니라 내가 이루는 것이다. 인간의 방법에 의해서가 아니라 하나님의 방법에 의해서 이루어지는 것이다. 나에게는 불가능이란 없다"라는 뜻인 것입니다.

둘째로, "내 앞에서 행하여 완전하라" 하십니다. 16장에서 하갈은, "여호와의 이름을 나를 살피시는 하나님이라"고 고백합니다. "이는 내가 어떻게 여기서 나를 살피시는 하나님을 뵈었는고"(13) 라는 뜻입니다. 그런데 아브라함이 하갈을 첩으로 취할 때는 마치 하나님께서 보시지 않는 양 뒤에서 행한 떳떳하지 못한 행동이었던 것입니다.

이에 대한 모형이 민수기에 있는데 하나님께서 명하시기를, "등불을 켤 때에는 일곱 등잔을 등잔대 앞으로 비추게 할지니라 하시매 아론이 그리하여 등불을 등잔대 〈앞으로 비추도록〉 켰으니 여호와께서 모세에게 명령하심과 같았더라"(민 8:2) 합니다. 무슨 뜻인가? 우리는 언제나 하나님의 완전을 나타내는 일곱 등잔이 비추는 등불 앞에서 행하고 있다는 점을 나타냅니다. "나를 살피시는 하나님", 다시 말하면 "내 앞에서 행하여 완전하라" 하신 하나님 앞에 있다는 점을 잊어서는 아니 될 것입니다.

"아브람이 엎드렸더니"(3) 합니다. 이는 신앙의 진보를 나타내는 묘사인데 이제까지는 단을 쌓았다는 말은 몇 번 있었지만 "엎드렸다"는 말은 처음입니다. 이는 온전히 복종하는 자세요, 하나님의 발아래 엎드린 신전신앙을 나타낸다 하겠습니다.

16:3절에서 아브라함이 하갈을 첩으로 얻은 시점을, "가나안 땅에 거주한 지 십년 후였더라" 하심도 무심한 말씀이 아니라 10년이면 강산도 변한다는데 우리의 10년 후의 모습은 어떠할 것인가를 생각하게 하는 말씀입니다.

17장의 중심점은 하나님께서 아브라함에게 네 번째로 메시아언약을 세워주시는데 있습니다. 15장에서 "타는 횃불이 쪼갠 고기 사이로 지나더라"(15:17)고, 언약하신 바에 자신을 담보하듯 하셨건만 온전히 의뢰하지를 못하고 하갈이라는 첩을 얻는 인간의 거짓됨에도 불구하고 하나님께서는 또다시 언약을 다짐하십니다. 언약의 내용은 변함없이 자손(2)과 땅(8)입니다. 구조(構造)는 원복음(3:15)과 동일하게, "내가― 하리니(2), 너는― 되리라"(4)는, 하나님께서 주권적으로 성취해 나가실 것으로 되어 있습니다.

구속사는 하나님께서 주권적으로 이루어나가시는 역사인데 하나님의 "주권"이 17장에서 가장 강조되어 있습니다. 그래서 본문(1-14) 안에는 하나님을 가리키는 "나, 또는 내"가 20번, 아브람을 가리키는 "너"가 19번이나 강조되어 있습니다.

그리고 "언약"이라는 말도 10번이나 강조되어 있는데, 하나님은 먼저 언약을 세워주시고 세워주신 언약을 반드시 성취하시는 언약의 하나님이시기 때문입니다. "주 여호와께서는 자기의 비밀을 그 종 선지자들에게 보이지 아니하시고는 결코 행하심이 없으시리라"(암 3:7) 합니다.

"내가 내 언약을 나와 너 및 네 대대 후손 사이에 세워서 영원한 언약을 삼고 너와 네 후손의 하나님이 되리라"(7) 하십니다. "영원한 언약을 삼고 너와 네 후손의 하나님이 되리라" 하심은, "메시아언약"은 아브라함에 국한된 것이 아니라, 자손 대대로 망각해서는 아니 될 언약이라는 뜻입니다.

17장에서 하나님은 두 가지 조치를 취하시는데 첫째는, "이제 후로는 네 이름을 아브람이라 하지 아니하고 아브라함이라 하리니(5), 네 아내 사래는 이름을 사래라 하지 말고 사라라 하라"(15)고 다시는 언약을 망각하지 않도록 아예 이름을 바꿔주십니다.

둘째는, "너희는 포피를 베어라 이것이 나와 너희 사이의 언약의 표징이니라"(11)고, 언약의 표를 몸에 지니게 하십니다. 할례를 받음으로 의롭다함을 얻은 것이 아니라, "그가 할례의 표를 받은 것은 무할례시에 믿음으로 된 의를 인친 것이라"(롬 4:11) 합니다. "할례"가 세례로 발전을 했는데 세례란 구원을 얻었다는 표요, 명심해야 할 점은, "할례나, 세례"의 정신이 성별의식에 있다는 점입니다.

본문이 우리에게 적용되는 점이 무엇인가? 첫째는, "내 앞에서 행하여 완전하라" 하신 신전신앙입니다. 사도 바울은, "우리는 수많은 사람들처럼 하나님의 말씀을 혼잡하게 하지 아니하고 곧 순전함으로 하나님께 받은 것 같이 하나님 앞에서와 그리스도 안에서 말하노라"(고후 2:17) 합니다.

설교자는 분명 성도들 앞에 서 있습니다. 그런데 바울은, "하나님 앞에서와 그리스도 안에" 있다고 고백합니다. "하나님 앞과 살아 있는 자와 죽은 자를 심판하실 그리스도 예수 앞에서 그가 나타나실 것과 그의 나라를 두고 엄히 명하노니"(딤후 4:1) 합니다. 바울은 자나 깨나 옥중에 있으나 언제나 "하나님 앞에" 있었습니다. 이것이 신전신앙인 것입니다.

둘째로, 하나님께서 주권적으로 세워주신 "언약"을 믿는 믿음입니다. 성경은 약속의 책입니다. 하나님께서는 언약하신 대로 그리스도를 아브라함의 자손으로 보내셔서 만민이 구원을 얻는 복음을 성취해주셨습니다.

이제 우리에게는, "너희를 영접하러 다시 오리라" 하신 재림의 약속 하나만 남은 것입니다. 전능의 하나님, 언약의 하나님, 언약을 지키시는 신실하신 하나님께서 이 약속도 이루어주실 것을 확신하게 됩니다. 이것이 "내가 하리니, 너는 되리라"는 말씀입니다.

> 능치 못할 것 주께 없으니 나의 일생을 주께 맡기면
>
> 나의 모든 짐 대신 지시는 주의 영원한 팔 의지해
>
> 주의 영원하신 팔 함께 하사 항상 나를 붙드시니
>
> 어느 곳에 있든지 요동하지 않음은 주의 팔을 의지함이라

창세기 19:12-26절 분석도표

주제 : 너희는 일어나 이곳에서 떠나라

<table>
<tr><td rowspan="1">이곳에서 떠나라</td><td>

12-17

12 그 사람들이 롯에게 이르되 이 외에 네게 속한 자가 또 있느냐
　네 사위나 자녀나 성 중에 네게 속한 자들을 다 성 밖으로 이끌어 내라
13 그들에 대한 부르짖음이 여호와 앞에 크므로 여호와께서 이곳을 멸하시려고 우리를 보내셨나니
　우리가 멸하리라
14 롯이 나가서 그 딸들과 결혼할 사위들에게 말하여 이르기를 여호와께서 이 성을 멸하실 터이니
　너희는 일어나 이곳에서 떠나라 하되 그의 사위들은 농담으로 여겼더라
15 동틀 때에 천사가 롯을 재촉하여 이르되 일어나 여기 있는 네 아내와 두 딸을 이끌어 내라
　이 성의 죄악 중에 함께 멸망할까 하노라
16 그러나 롯이 지체하매 그 사람들이 롯의 손과 그 아내의 손과 두 딸의 손을 잡아 인도하여
　성 밖에 두니 여호와께서 그에게 자비를 더하심이었더라

17 그 사람들이 그들을 밖으로 이끌어 낸 후에 이르되 도망하여 생명을 보존하라
　돌아보거나 들에 머물지 말고 산으로 도망하여 멸망함을 면하라

</td></tr>
</table>

<table>
<tr><td>가깝고 작기도 하오니</td><td>

18-22

18 롯이 그들에게 이르되 내 주여 그리 마옵소서
19 주의 종이 주께 은혜를 입었고 주께서 큰 인자를 내게 베푸사 내 생명을 구원하시오나
　내가 도망하여 산에까지 갈 수 없나이다 두렵건대 재앙을 만나 죽을까 하나이다
20 보소서 저 성읍은 도망하기에 가깝고 작기도 하오니 나를 그 곳으로 도망하게 하소서
　이는 작은 성읍이 아니니이까 내 생명이 보존되리이다
21 그가 그에게 이르되 내가 이 일에도 네 소원을 들었은즉 네가 말하는 그 성읍을 멸하지 아니하리니
22 그리로 속히 도망하라 네가 거기 이르기까지는 내가 아무 일도 행할 수 없노라 하였더라
　그러므로 그 성읍 이름을 소알이라 불렀더라

</td></tr>
</table>

<table>
<tr><td>롯의 아내</td><td>

23-26

23 롯이 소알에 들어갈 때에 해가 돋았더라
24 여호와께서 하늘 곧 여호와께로부터 유황과 불을 소돔과 고모라에 비같이 내리사
25 그 성들과 온 들과 성에 거주하는 모든 백성과 땅에 난 것을 다 엎어 멸하셨더라
26 롯의 아내는 뒤를 돌아보았으므로 소금 기둥이 되었더라

</td></tr>
</table>

너희는 일어나 이곳에서 떠나라

설교 작성노트

우리는 개인의 종말인 죽음과, 역사의 종말인 최후심판을 경험해 보지를 못한다. 그러므로 이를 절실하게 실감하기란 어렵다. 이를 아시는 주님은, "노아의 때에 된 것과 같이 인자의 때에도 그러하리라, 또 롯의 때와 같으리니, 인자가 나타나는 날에도 이러하리라"(눅 17:26, 28, 30)고, 두 가지 예표를 통해서 대리 경험을 하게 하셨다.

그렇다면 "노아의 때와, 롯의 때"에는 어떤 일이 일어났으며 그 당시의 구원의 방도가 무엇인가? 이것이 본 설교의 내용목적이다. 이를 통해서 "그러므로 너희도 준비하고 있으라 생각하지 않은 때에 인자가 오리라"(눅 12:40) 하심이 적용목적이라 하겠다.

먼저 소돔 고모라의 심판(창 19장)이 놓여 있는 문맥을 파악할 필요가 있습니다. 18장에서 아브라함은 내방한 여호와의 사자를 영접하여 접대를 합니다. 그러자 하나님께서는 "내년 이맘때 내가 반드시 네게로 돌아오리니 네 아내 사라에게 아들이 있으리라"(18:10)고 오매불망 기다리던 기쁜 소식을 전해주십니다.

그런 후에, "내가 하려는 것을 아브라함에게 숨기겠느냐" 하시면서, "소돔과 고모라에 대한 부르짖음이 크고 그 죄악이 심히 무거우니"(18:17, 20) 하고, 심판하리라는 두려운 소식을 전해주십니다. 먼저 "기쁜 소식"을 전해주신 후에, "심판"하리라 하심이 본문이 놓여 있는 문맥인 것입니다.

로마서 1:17절에서도, "복음에는 하나님의 의가 나타나서" 하고 복음을 선포한 후에 이어서, "하나님의 진노가 불의로 진리를 막는 사람들의 모든 경건하지 않음과 불의에 대하여 하늘로부터 나타나나니"(18) 하고 "하나님의 진노"가 나타난다는 "심판"을 경고합니다.

"온 백성에게 미칠 큰 기쁨의 좋은 소식"(눅 2:10)인 복음이 왜 필요한가? 심판의 날이 다가오고 있기 때문입니다. 이처럼 "복음과, 심판"은 동전 앞뒤와 같아서 전도자는 이를 함께 전해주어야만 하는 것입니다. 하나님의 진노가 없는 복음이란 무의미한 것이 되기 때문입니다.

"그 사람들이 롯에게 이르되 이 외에 네게 속한 자가 또 있느냐 네 사위나 자녀나 성 중에 네게 속한 자들을 다 성 밖으로 이끌어 내라"(12)고 재촉합니다. 두 마디로 되어 있는데 첫째는, ㉠ "네게 속한 자가 또 있느냐, 성 중에 네게 속한 자들"(12)이라 한, "속한 자"라는 주제입니다.

세상에 죄가 들어옴으로 두 부류, 두 진영(창 3:15)로 갈라지게 되었는데 모든 사람들은 예외 없이 두 진영 중 어느 하나에 속해 있다는 점입니다. 소속(所屬)이 없는 자란 한 사람도 없습니다.

"그들이 우리에게서 나갔으나 우리에게 속하지 아니하였나니 만일 우리에게 속하였더라면 우리와 함께 거하였으려니와 그들이 나간 것은 다 우리에게 속하지 아니함을 나타내려 함이니라"(요일 2:19), 예수 그리스도에게 속해 있든지, 그들이 알든 모르든, 인정을 하건 안 하건 사탄에게 속하여 그를 추종하든지 둘 중 하나인 것입니다. 중간은 없습니다. 그렇다고 두 진영에 동시에 소속이 된다는 것도 불가능합니다.

㉡ 둘째는 네게 속한 자들을, "다 성 밖으로 이끌어 내라" 한, "분리"입니다. 14절에서도 "여호와께서 이 성을 멸하실 터이니 너희는 일어나 이곳에서 떠나라" 합니다. "떠나라"는 주제를 구속사라는 맥락으로 추적을 해보면 그 심각성을 깨닫게 되는데, 이사야 선지자는, "너희는 떠날지어다 떠날지어다 거기서 나오고 부정한 것을 만지지 말지어다 그 가운데에서 나올지어다 여호와의 기구를 메는 자들이여 스스로 정결하게 할지어다"(사 52:11) 하고 촉구합니다.

계시록에서는, "무너졌도다 무너졌도다 큰 성 바벨론이여" 하면서, "내 백성아, 거기서 나와 그의 죄에 참여하지 말고 그가 받을 재앙들을 받지 말라 그의 죄는 하늘에 사무쳤으며 하나님은 그의 불의한 일을 기억하신지라"(계 18:4-5)고 촉구합니다. 유황불의 심판을 면할 수 있는 비결, 즉 최후심판 때 구원의 방도는 "거기서 나오고, 떠나는" 것입니다.

그러면 노아 홍수심판을 통한 구원의 방도는 무엇이었는가를 상기시켜야만 하겠습니다. "그러나 너와는 내가 내 언약을 세우리니 너는 네 아들들과 네 아내와 네 며느리들과 함께 그 방주로 들어가고"(창 6:18)한, "들어감"입니다.

애굽을 심판하시는 출애굽의 밤에도, "그 피를 문 인방과 좌우 설주에 뿌리고 아침까지 한 사람도 자기 집 문 밖에 나가지 말라"(출 12:22)고 경고합니다. 즉 언약 안으로 들어가고, 피가 뿌려진 십자가 복음 안에 있어야 한다는 뜻입니다. 밖에는 보장이 없습니다.

두 가지로 요약할 수가 있는데 첫째는, "들어가라", 즉 "언약 안에,복음 안에" 머물러 있어야 안전하고, 둘째는 "떠나라", 즉 세속화되지 말고 성별의 삶을 살아야 한다는 것, 이것이 노아의 때와 롯의 때를 통해 계시한 종말적인 구원의 방도인 것입니다.

"그 사람들이 그들을 밖으로 이끌어 낸 후에 이르되 도망하여 생명을 보존하라 돌아보거나 들에 머물지 말고 산으로 도망하여 멸망함을 면하라"(17)고 재촉을 합니다. 그런데 롯은 무엇이라 말했는가? "보소서 저 성읍은 도망하기에 가깝고 작기도 하오니 나를 그 곳으로 도망하게 하소서 이는 작은 성읍이 아니니이까"(20) 라고 말합니다. 롯의 말에서 무엇을 느끼게 되는가? "성읍"(城邑), 즉 이 세상에 대한 집착과 미련입니다.

창세기 18:1절과 19:1절을 대조해 보시면 이점이 극명하게 드러납니다. 아브라함은 "장막 문에서 달려 나가 영접"했는데 롯은, "소돔 성문에 앉아 있다가 그들을 보고 일어나 영접"했다고 말씀합니다.

아브라함은, "동일한 약속을 유업으로 함께 받은 이삭 및 야곱과 더불어 장막에 거하였다"(히 11:9)는 증언대로, 평생을 "장막" 곧 나그네 정신으로 살았으나 "성문에 앉아 있는" 롯은 이 땅에 뿌리를 박으려 한 대조입니다.

그런 롯은 소돔 고모로의 멸망, 즉 최후의 날에도 "작기도 하오니, 이는 작은 성읍이 아니니이까"(20) 하고 "성읍"에 대한 미련을 버리지를 못하는 것을 대하게 됩니다. 이런 뜻입니다. "큰 것을 요구하는 것도 아닌데 이 작은 성 하나 못 주시겠나이까?"

그러면 본문의 거울에 비쳐진 우리의 모습은 어떠한가? ㉠ 첫째는, 롯이 나가서 그 딸들과 결혼할 사위들에게, "여호와께서 이 성을 멸하실 터이니 너희는 일어나 이곳에서 떠나라 하되 그의 사위들은 농담으로 여겼더라"(14) 한, 불신앙입니다. ㉡ 둘째는, 롯 자신도 "그러나 롯이 지체하매 그 사람들이 롯의 손과 그 아내의 손과 두 딸의 손을 잡아 인도하여 성 밖에 두니"(16) 한, 머뭇거림입니다. ㉢ 셋째는, "롯의 아내는 뒤를 돌아보았으므로 소금 기둥이 되었더라"(26) 한 낙오하게 된다는 경고입니다.

주님은, "롯의 처를 기억하라 무릇 자기 목숨을 보전하고자 하는 자는 잃을 것이요 잃는 자는 살리리라 내가 너희에게 이르노니 그 밤에 둘이 한 자리에 누워 있으매 하나는 데려감을 얻고 하나는 버려둠을 당할 것이요 두 여자가 함께 맷돌을 갈고 있으매 하나는 데려감을 얻고 하나는 버려둠을 당할 것이니라"(눅 17:32-35)고 경고하십니다. 이것이 "너희는 일어나 이곳에서 떠나라"는 말씀입니다.

온유한 주님의 음성 네 귀에 속삭이네
네 마음 문을 두드리니 곧 주님을 영접하라
피하지 말라 피하지 말라
우리가 곁길로 피해도 맘속에 오시리
심판 날 당할 때 주님을 너 맞을 준비해
맘속에 주님을 영접하라 주 영접하라

Gustave Dore <Lot Flees as Sodom and Gomorrah Burn>

창세기 21:1-21절 분석도표

주제 : 언약의 자손이라야 네 씨라 부를 것임이라

1-7

아들을 낳으니

1 **여호와께서 말씀하신 대로** 사라를 돌보셨고 <u>여호와께서 말씀하신 대로</u> 사라에게 행하셨으므로

2 사라가 임신하고 **하나님이 말씀하신 시기가 되어** 노년의 아브라함에게 <u>아들을 낳으니</u>

3 아브라함이 그에게 태어난 아들 곧 사라가 자기에게 낳은 아들을 이름하여 이삭이라 하였고

4 그 아들 이삭이 난 지 팔 일 만에 그가 하나님이 명령하신 대로 할례를 행하였더라

5 아브라함이 그의 아들 이삭이 그에게 태어날 때에 백 세라

6 사라가 이르되 **하나님이 나를 웃게 하시니** <u>듣는 자가 다 나와 함께 웃으리로다</u>

7 또 이르되 사라가 자식들을 젖먹이겠다고 누가 아브라함에게 말하였으리요마는
　　아브라함의 노경에 내가 아들을 낳았도다 하니라

8-13

내쫓으라

8 아이가 자라매 젖을 떼고 이삭이 젖을 떼는 날에　　아브라함이 큰 잔치를 베풀었더라

9 사라가 본즉 아브라함의 아들 애굽 여인　　<u>하갈의 아들이 이삭을 놀리는지라</u>

10 그가 아브라함에게 이르되　　<u>이 여종과 그 아들을 내쫓으라</u>
　　이 종의 아들은 내 아들 이삭과 함께 기업을 얻지 못하리라 하므로

11 아브라함이 그의 아들로 말미암아 그 일이 매우 근심이 되었더니

12 하나님이 아브라함에게 이르시되 네 아이나 네 여종으로 말미암아 근심하지 말고
　　사라가 네게 이른 말을 다 들으라 <u>이삭에게서 나는 자라야 네 씨라 부를 것임이니라</u>

13 그러나 여종의 아들도 네 씨니 내가 그로 한 민족을 이루게 하리라 하신지라

14-21

샘물을 보고

14 아브라함이 아침에 일찍이 일어나 떡과 물 한 가죽부대를 가져다가 하갈의 어깨에 메워 주고
　　그 아이를 데리고 가게 하니 하갈이 나가서 브엘세바 <u>광야에서 방황하더니</u>

15 가죽부대의 물이 떨어진지라 그 자식을 관목덤불 아래에 두고

16 　　　　이르되 아이가 죽는 것을 차마 보지 못하겠다 하고 화살 한 바탕 거리 떨어져
　　마주 앉아 바라보며 소리 내어 우니

17 하나님이 그 어린 아이의 소리를 들으셨으므로 하나님의 사자가 하늘에서부터 하갈을 불러 이르시되
　　하갈아 무슨 일이냐 두려워하지 말라 하나님이 저기 있는 아이의 소리를 들으셨나니

18 일어나 아이를 일으켜 네 손으로 붙들라 그가 큰 민족을 이루게 하리라 하시니라

19 **하나님이 하갈의 눈을 밝히셨으므로** <u>샘물을 보고</u>
　　가서 가죽부대에 물을 채워다가 그 아이에게 마시게 하였더라

20 하나님이 그 아이와 함께 계시매 그가 장성하여 광야에서 거주하며 활 쏘는 자가 되었더니

21 그가 바란 광야에 거주할 때에 그의 어머니가 그를 위하여 애굽 땅에서 아내를 얻어 주었더라

언약의 자손이라야 네 씨라 부를 것임이라

설교 작성노트

본문은 "여호와께서 말씀하신 대로" 이삭이 태어나는 내용이다. 사라는 하나님께서 나로 웃게 하셨다고 말하면서, "듣는 자가 나와 함께 웃으리로다", 즉 기쁜 소식이라고 말한다. 이 예표를 통해서, "때가 차매 하나님이 그 아들을 보내사 여자에게서 나게 하시고 율법 아래에 나게"(갈 4:4) 하실 것을 증언하려는 것이 내용목적이다.

그런데 함께 웃지 못하는 자들이 있었으니 하갈과 이스마엘이었다. 결국 "여종과 그 아들을 내쫓으라" 하신다. 이 예표를 통해서 기독교와 이슬람교의 관계에 대한 문제와 해답을 제시하려는 것이 본 설교의 적용목적이라 하겠다.

성경에 많은 인물이 등장하지만 이삭만큼 거듭된 약속(約束)과 기다림 속에 태어난 인물도 없을 것입니다. 어찌하여 이처럼 기다림 중에 이삭을 주셨는가? 이삭은 오실 메시아를 예표하는 인물이었기 때문입니다. 하나님께서 메시아를 보내주실 것을 얼마나 반복적으로 약속해 주셨습니까? 그리하여 사람들은 메시아 오시기를 얼마나 오랫동안 기다렸습니까?

1절에는 "말씀하신 대로"가 2번이나 강조되어 있는데 그리스도도 언약하시고 선지자들을 통해서 말씀하신 대로 탄생하셨으며(마 2:23), "성경대로 우리 죄를 위하여 죽으시고… 성경대로 사흘 만에 다시 살아"(고전15:3-4) 나셨다고 증언하고 있습니다. "말씀하신 시기가 되어"(2)라 하는데, 그리스도께서도, "때가 차매 하나님이 그 아들을 보내사 여자에게 나게"(갈 4:4)하셨습니다. 또한 때가 차매 약속하신 대로 재림하실 것입니다.

사라는, "하나님이 나를 웃게 하시니 듣는 자가 다 나와 함께 웃으리로다"(6)고 말합니다. 천사는, "무서워 말라. 보라 내가 온 백성에게 미칠 큰 기쁨의 좋은 소식을 너희에게 전하노라"(눅 2:10)고 말합니다.

사라의 진술은 벅찬 기쁨의 말인데 고대사회에서 자녀를 생산하지 못하는 여인은 큰 죄인이나 다름이 없었기 때문입니다. 그런 눌림 속에 몇 십 년을 지내다가 자식을 낳아 젖을 먹이게 되었다니 사라의 웃음을 상상인들 할 수가 있겠습니까? 사라의 찬양은 2천년 동안 구속사에 메아리치다가,

내 영혼이 주를 찬양하며

내 마음이 하나님 내 구주를 기뻐하였음은

그의 여종의 비천함을 돌보셨음이라

보라 이제 후로는 만세에 나를 복이 있다 일컬으리로다 (눅 1:46-48)

한 동정녀 마리아의 찬가로 성취가 되었던 것입니다.

그런데 하나님께서 허락하신 "웃음, 기쁨"을 함께 웃지 못하는 이들이 있었으니 그들은 하갈과 그의 아들 이스마엘입니다. 하갈과 이스마엘의 입장에서 생각해 보면 백세나 된 노부부가 아들을 낳으리라는 것을 상상이나 했겠습니까? 그리하여 이스마엘이 후사(後嗣)가 되리라는 것을 확신하고 있었는데 청천벽력같이 이삭이 태어나다니! 이는 웃을 일이 아니었던 것입니다. 더욱이나 이삭에게 고운 옷을 입히고 큰 잔치를 베풀어주는 것을 보면서 얼마나 시기심이 발동했겠습니까?

사라가 본즉 애굽 여인 하갈의 아들이 "이삭을 놀리는지라"(9) 합니다. 이점을 신약성경은, "그 때에 육체를 따라 난 자가 성령을 따라 난 자를 박해한 것 같이 이제도 그러하도다"(갈 4:29)고 말씀합니다. 이는 이삭을 언약의 상속자(相續者)로 인정하기를 거부하는 행위요, 결국 하나님께서 이루시고자 하는 계획을 대적하는 일이었던 것입니다.

사라는 아브라함에게, "여종과 그 아들을 내쫓으라 이 종의 아들은 내 아들 이삭과 함께 기업을 얻지 못하리라"(10) 합니다. 하나님께서도, "사라가 네게 이른 말을 다 들으라 이삭에게서 나는 자라야 네 씨라 부를 것임이니라"(12) 하시는데 여기에 본문의 중심주제가 있습니다.

"씨라 부를 것이라" 하신 "씨"라는 주제는 구속사에서 중요한 의미가 있습니다. 원복음의, "여자의 후손은 네 머리를 상하게 하리라"(3:15) 하신 "후손"도 "씨"와 같은 단어입니다. 이 "씨"가 21장을 통해서 말씀하시려는 핵심인 것입니다.

이런 맥락에서 사라의 관심과 하나님의 의도의 차이가 무엇인가를 분별해야만 합니다. 사라의 관심은, "내 아들 이삭과 함께 기업을 얻지 못하리라" 한 "기업"(基業)에 있으나 하나님의 관심은, "이삭에게서 나는 자라야 네 씨라 부를 것임이니라" 하신 "씨", 즉 후사에 있다는 점을 유념해야만 합니다. 어떤 차이인가?

하나님께서 아브라함에게, "네 씨로 말미암아 천하 만민이 복을 받으리니"(22:18) 하신 그리스도는 이스마엘이 아니라 "이삭"의 줄기를 통해서 오시기 된다는 점을 확증하는 말씀이었던 것입니다.

이점에서 유념해야 할 점은 하나님께서 "내쫓으라" 하시기 이전에 이스마엘이 먼저 이삭을 대적하고 배척을 했다는 사실입니다. 16장에서는 하갈이, "자기의 임신함을 알고 그의 여주인을 멸시(蔑視) 한지라"(16:4), 그때 하나님께서는, "네 여주인에게로 돌아가서 그 수하에 복종(服從)하라"(16:9) 하셨습니다. "그 수하(手下)에 복종하라" 하심은 교훈적인 의미만이 아니라 사라를, "만민의 어미"로 인정하고 복종하라는 신학적인 의미인 것입니다.

그런데 이번에는 하갈의 아들 이스마엘이 "이삭을 놀리는지라", 즉 박해를 했다는 것은 이삭을 언약의 상속자로 인정을 하지 않고 그의 수하에 복종(服從)하지 않았다는 점을 나타냅니다. 그 수하에 복종을 했어도 내쫓으라 하셨겠는가? 오늘날 이스마엘의 후손들도 예수를 그리스도로 인정하지를 않고 자신들이 아브라함의 후사가 되려고 고집을 한다면 "내쫓으라"는 선고를 받을 수밖에 없는 것입니다.

사실 하갈은 아브라함의 첩이 되지 말았어야 하고, 이스마엘은 태어나지 않았어야만 좋을 뻔한 사람입니다. 그렇다면 하나님께서는 어찌하여 이를 허용하셨는가? 이 사건을 통해서 말씀하시려는 중요한 메시지가 있었기 때문입니다.

이에 대한 해설이 갈라디아서 4장에 나오는데 요약을 하면 하갈은 옛 언약을 예표하고 사라는 새 언약(言約)의 예표, 즉 "율법과, 복음"을 예표한다는 것입니다. 율법을 상징하는 하갈에게서는 육체를 따라 "종"이 태어났고, 자유하는 여자인 사라에게서는 약속을 따라 "아들"이 태어났다는 것입니다. "율법과 복음"의 기능은 "종과, 자녀"를 생산한다는 점을 계시하기 위해서 허용하셨다는 것이 됩니다.

"그런즉 형제들아 우리는 계집종의 자녀가 아니요 자유하는 여자의 자녀니라"(갈 4:31)고 결론을 맺습니다. 그런데 "육체를 따라 난 자가 성령을 따라 난 자를 박해한 것 같이 이제도 그러하도다" 합니다.

쫓겨남을 당한 하갈과 이스마엘은 어떤 처지에 놓이게 되었는가? "광야에서 방황하더니"(14) 합니다. 그리하여 목이 말라 헐떡이며 죽어가고 있었던 것입니다. 이런 상태가 하나님 존전에서 쫓겨난 아담의 후예들의 상태요, 그리스도를 배척하는 불신자(不信者)들의 상태요, 이스마엘의 후예들의 처지인 것입니다.

그들이 광야 사막 길에서 방황하며 거주할 성읍을 찾지 못하고

주리고 목이 말라 그들의 혼이

그들 안에서 피곤하도다(시 107:4-5).

그런데 "샘물을 보고, 아이에게 마시게 하였더라"(19) 합니다. 아이가 목이 말라 죽는 것을 차마 보지 못하겠다"(16)고 방성대곡을 하던 하갈이 어떻게 샘물을 보게 되었는가? 하나님이 하갈의 눈을 밝히셨기 때문입니다. 아시겠습니까? 샘물은 그들 아주 가까이에 있었던 것입니다. 다만 눈이 어두워 보지를 못했을 뿐입니다. 이것이 불신자들의 처지요, 이스마엘 후예들의 현재의 상태인 것입니다.

"하나님이 그 아이와 함께 계시매 그가 장성하여 광야에서 거주하며 활 쏘는 자가 되었더니 그가 바란 광야에 거주할 때에 그의 어머니가 그를 위하여 애굽 땅에서 아내를 얻어 주었더라"(20-21) 합니다. 이것이 성경에 등장하는 하갈과 이스마엘의 마지막 모습입니다.

그러면 해답이 무엇인가? "그 수하(手下)에 복종하라", 즉 "모든 무릎을 예수의 이름에 꿇게 하시고 모든 입으로 예수 그리스도를 주라 시인"(빌 2:11)하는 것이 수하에 복종하는 것이요, 해답인 것입니다. 이스마엘 후예들의 눈을 밝히사 아주 가까이 있는 생수의 근원을 보게 되기를 기원합니다.

본문이 우리에게 어떻게 적용이 되는가? "그러나 그 때에 육체를 따라 난 자가 성령을 따라 난 자를 박해한 것 같이 이제도 그러하도다"(갈 4:29)한 "이제도 그러하다"는 점입니다. 바울 당시인 초대교회 때도 그러했고,

종교개혁이 일어난 중세에도 그러했고, 구속교리를 부정하는 자유주의 신학, 종교다원주의가 판을 치는 이제도 그러하다는 점입니다.

그러나 결과는 어떻게 될 것인가? "여종과 그 아들을 내쫓으라 여종의 아들이 자유 있는 여자의 아들과 더불어 유업을 얻지 못하리라"(갈 4:30) 하십니다. 이것이 "언약의 자손이라야 네 씨라 부를 것임이라"는 뜻입니다.

목마른 내 영혼 주가 이미 허락한 그 귀한 영생수 주여 갈망합니다.
그 약속 따라서 힘써 간구하오니 오 주여 내 기도 어서 들어 주소서
예수의 사랑 예수의 사랑 바다 물결같이 내게 임하니
영광의 물결에 온전히 싸여서 내 영혼의 기쁨 한량 없도다

창세기 22:1-19절 분석도표

주제 : 하나님이 친히 준비하시리라

<table>
<tr><td rowspan="2">번
제</td><td colspan="2">1-2</td></tr>
<tr><td></td><td>1 그 일 후에 하나님이 아브라함을 시험하시려고 그를 부르시되 아브라함아 하시니
그가 이르되 내가 여기 있나이다
2 여호와께서 이르시되 네 아들 네 사랑하는 독자 이삭을 데리고 모리아 땅으로 가서
내가 네게 일러 준 한 산 거기서 그를 번제로 드리라</td></tr>
<tr><td rowspan="2">친
히
준
비
하
시
리
라</td><td colspan="2">3-8</td></tr>
<tr><td></td><td>3 아브라함이 아침에 일찍이 일어나 나귀에 안장을 지우고 두 종과 그의 아들 이삭을 데리고
번제에 쓸 나무를 쪼개어 가지고 떠나 하나님이 자기에게 일러 주신 곳으로 가더니
4 제삼일에 아브라함이 눈을 들어 그 곳을 멀리 바라본지라
5 이에 아브라함이 종들에게 이르되 너희는 나귀와 함께 여기서 기다리라 내가 아이와 함께 저기 가서
예배하고 우리가 너희에게로 돌아오리라 하고
6 아브라함이 이에 번제 나무를 가져다가 그의 아들 이삭에게 지우고 자기는 불과 칼을 손에 들고
두 사람이 동행하더니
7 이삭이 그 아버지 아브라함에게 말하여 이르되 내 아버지여 하니 그가 이르되 내 아들아
내가 여기 있노라 이삭이 이르되 불과 나무는 있거니와 번제할 어린 양은 어디 있나이까
8 아브라함이 이르되 내 아들아 번제할 어린 양은 하나님이 자기를 위하여 친히 준비하시리라
하고 두 사람이 함께 나아가서</td></tr>
<tr><td rowspan="2">대
신
하
여
드
렸
더
라</td><td colspan="2">9-14</td></tr>
<tr><td></td><td>9 하나님이 그에게 일러 주신 곳에 이른지라 이에 아브라함이 그 곳에 제단을 쌓고 나무를 벌여 놓고
그의 아들 이삭을 결박하여 제단 나무 위에 놓고
10 손을 내밀어 칼을 잡고 그 아들을 잡으려 하니
11 여호와의 사자가 하늘에서부터 그를 불러 이르시되 아브라함아 아브라함아 하시는지라
아브라함이 이르되 내가 여기 있나이다 하매
12 사자가 이르시되 그 아이에게 네 손을 대지 말라 그에게 아무 일도 하지 말라 네가 네 아들
네 독자까지도 내게 아끼지 아니하였으니 내가 이제야 네가 하나님을 경외하는 줄을 아노라
13 아브라함이 눈을 들어 살펴본즉 한 숫양이 뒤에 있는데 뿔이 수풀에 걸려 있는지라 아브라함이 가서
그 숫양을 가져다가 아들을 대신하여 번제로 드렸더라
14 아브라함이 그 땅 이름을 여호와 이레라 하였으므로 오늘날까지 사람들이 이르기를
여호와의 산에서 준비되리라 하더라</td></tr>
<tr><td rowspan="2">네
씨
로
말
미
암
아</td><td colspan="2">15-19</td></tr>
<tr><td></td><td>15 여호와의 사자가 하늘에서부터 두 번째 아브라함을 불러
16 이르시되 여호와께서 이르시기를 내가 나를 가리켜 맹세하노니 네가 이같이 행하여
네 아들 네 독자도 아끼지 아니하였은즉
17 내가 네게 큰 복을 주고 네 씨가 크게 번성하여 하늘의 별과 같고 바닷가의 모래와 같게 하리니
네 씨가 그 대적의 성문을 차지하리라
18 또 네 씨로 말미암아 천하 만민이 복을 받으리니
이는 네가 나의 말을 준행하였음이니라 하셨다 하니라
19 이에 아브라함이 그의 종들에게로 돌아가서 함께 떠나 브엘세바에 이르러 거기 거주하였더라</td></tr>
</table>

하나님이 친히 준비하시리라

설교 작성노트

본문은 하나님께서 아브라함에게, "네 아들 네 사랑하는 독자 이삭을 번제로 드리라"고 명하시는 내용이다. "내가 수소의 고기를 먹으며 염소의 피를 마시겠느냐"(시 50:13) 하신 하나님께서 인육(人肉)을 제물로 받으시는 하나님이시란 말인가? 이는 자기 아들을 대속제물로 내어주실 것을 예표를 통해서 계시하시려는 것인데 이것이 본 설교의 내용목적이다.

이를 통해서 "하나님이 자기를 사랑하는 자들을 위하여 예비하신 모든 것은 눈으로 보지 못하고 귀로 듣지 못하고 사람의 마음으로 생각하지도 못하였다 함과 같으니라"(고전 2:9) 한 복음의 뿌리를 증언함으로 성도들의 신앙의 뿌리를 견고하게 하려는 것이 적용목적이다.

22장은, "이 일 후에" 하고 시작이 됩니다. 그러면 "이 일"이란 어떤 일을 가리키는 것인가? 가까운 문맥으로는 사라가 임신하여, "하나님이 말씀하신 시기가 되어 노년의 아브라함에게 아들을 낳으니"(21:2) 한, 이삭이 태어난 "이 일 후"요, 아브라함과 관련된 전체 문맥으로는 "여호와께서 아브람에게 이르시되 너는 너의 고향과 친척과 아버지의 집을 떠나 내가 네게 보여 줄 땅으로 가라"(12:1) 하심으로부터 22장에 이르기까지를 받는 말씀이라 하겠습니다.

"하나님이 아브라함을 시험하시려고"(1중) 합니다. 이 언급을 거두절미하고 점으로 취급을 하기 때문에 아브라함 개인의 믿음을 시험하신 양 교훈으로 여기는 경향이 있으나 "이 일 후에"를 구속사라는 맥락으로 본다면 어떤 의미가 되는가?

하나님께서 아브라함을 택하신 목적은 아브라함 개인의 믿음이나 구원을 위해서가 아니라, "여자의 후손", 즉 그리스도를 아브라함의 자손으로 보내시어 천하 만민을 구원하시려는 계획이 있으셨기 때문입니다. 이점이 4차에 걸친 언약(12:2, 13:16, 15:4, 17:2)을 통해서 확실해졌습니다. 아브라함도 이를 "믿었다"(15:6)고 말씀합니다.

그런데 아직까지 계시하시지 않은 중요한 요점이 있는데 그리스도가 아브라함의 자손으로 오셔서 어떤 방도에 의하여 천하 만민이 복을 받게 되는가 하는 구원의 방도에 대해서는 말씀하시지 않으셨던 것입니다.

하나님께서는 "이 일 후에", 이 진전(進展)된 계시를 본문의 예표를 통해서 보여주시려 하는데 아브라함이 과연 감당할 것인가 하는 점을 "시험하시려고"라 표현하고 있는 것입니다. 만일 아브라함 개인의 믿음만을 시험하시려 했다면 "내가 네게 일러 준 한 산 거기 가서 번제로 드리라"고 말씀하실 이유가 없는 것입니다.

이런 의도는 복음서에도 나타나는데 주님은 베드로의 신앙고백을 받으신 후에야, "이 때로부터 예수 그리스도께서 자기가 예루살렘에 올라가 장로들과 대제사장들과 서기관들에게 많은 고난을 받고 죽임을 당하고 제 삼일에 살아나야 할 것을 제자들에게 비로소 나타내시니"(마 16:21) 합니다. 예수가 누구신가에 확고하기 전에 죽으실 것, 즉 대속제물이 되실 것을 말씀하셨다면 제자들은 다 도망을 가고 말았을 것입니다.

이런 맥락에서 22장의 핵심은 6번(2, 3, 6, 7, 8, 13)이나 강조되어 있는 "번제"(燔祭)에 있습니다. 하나님께서는 자기 아들을 "번제", 즉 대속제물로 삼으셔서 인류를 구원하시려는 진전(進展)된 계시(啓示)를 보여주시려는 것입니다. 이점이 "네 아들 네 사랑하는 독자 이삭을 데리고 모리아 땅으로 가서 내가 네게 일러 준 한 산 거기서 그를 번제로 드리라"(2) 하신 말씀에 분명히 나타납니다.

우리는 앞에서 아벨이 양의 첫 새끼로 번제를 드리는 것을 하나님께서 받으시는 것을 보았고, 방주에서 나온 노아가 정결한 짐승으로 드린 번제를 여호와께서 그 향기를 받으셨다는 점을 상고했습니다.

그런데 22장에 이르러서는 하나님께서 친히 "번제로 드리라"고 직접 명하시는 것입니다. 그것도 양이 아니라, "네 아들 네 사랑하는 독자 이삭"을 번제로 드리라 하시는 것입니다. 여기에 계시의 진전(進展)이 있

는데 이렇게 명하신 시점(時點)이 언제인가? 당시 이삭의 나이를 15세
쯤으로 가정을 했을 때 아브라함이 부름을 받은 지 약 40년이 경과한 후
요, 신앙이 성숙한 시기라 할 수가 있습니다.

아브라함은 생애 중 두 번의 엄청난 결단(決斷)에 직면하게 되는데
첫 번은 하나님께서 아브람에게, ㉠ "너는 너의 고향과 친척과 아버지의
집을 떠나 내가 네게 보여 줄 땅으로 가라"(12:1) 하셨을 때의 결단이요,
두 번째는, ㉡ "네 아들 네 사랑하는 독자 이삭을 번제로 드리라"(22:2)고
명하셨을 때인 본문의 결단입니다.

첫 번에 말씀하신 "내가 네게 보여줄 땅"이란 그리스도가 탄생하실 땅
이요, 두 번째로 "내가 네게 일러 준 한 산"이란 훗날 솔로몬이 성전을 건
축한 곳이요, 주님께서 대속제물이 되어주실 산이었던 것입니다. 이처럼
계시의 초점(焦點)이 하나님의 독생자 예수 그리스도께서 대속제물이 되
실 것을 예표하는 "번제"로 모아지고 있다는 점을 명심해야만 합니다.

이삭은 묻습니다. "내 아버지여, 불과 나무는 있거니와 번제할 어린
양은 어디 있나이까?"(7). 아브함은 대답합니다. "내 아들아 번제할 어린
양은 하나님이 자기를 위하여 친히 준비하시리라"(8), 이는 가슴을 찌르
듯 하는 질문에 대한 변명이 아니라 "선지자"(20:7)의 영에 의한 예언이
라는 점을 인식해야 합니다. 이 예언이 "그러므로 주께서 세상에 임하실
때에 이르시되 하나님이 제사와 예물을 원하지 아니하시고 오직 나를
위하여 한 몸을 예비하셨도다"(히 10:5)로 성취가 되었던 것입니다.

아브라함은 하나님께서 지시하신 산에 이르러서 제단을 쌓고 나무를

벌여 놓고, "그의 아들 이삭을 결박하여 제단 나무 위에 놓고"(22:9), 주목하시기 바랍니다. 사랑하는 독자 이삭을 결박하여 나무 위에 올려놓고 칼을 들어 치려한 사람은 다름 아닌 아버지 아브라함이었습니다.

이점을 신약성경은, "이 예수를 하나님이 그의 피로써 믿음으로 말미암는 화목제물로 세우셨으니"(롬 3:25) 라고, 자기 아들을 우리의 대속제물로 갈보리 십자가에 세우신 분은 아버지 하나님이시었다고 말씀합니다.

이때의 아브라함의 심정은 어떠했을 것인가? 이점에서 생각하게 되는 점은 성경은, "자기 아들을 아끼지 아니하시고 우리 모든 사람을 위하여 내주신 이"(롬 8:32)라고 말씀하면서도, 이렇게 하신 하나님의 마음에 대해서는 일언반구 언급이 없이 침묵하고 있다는 점입니다. 주님도, "그가 곤욕을 당하여 괴로울 때에도 그의 입을 열지 아니하였음이여 마치 도수장으로 끌려가는 어린 양과 털 깎는 자 앞에서 잠잠한 양 같이 그의 입을 열지 아니하였도다"(사 53:7) 합니다. 그럼에도 우리에게는 무슨 할 말이 그리도 많단 말입니까?

아브라함이 칼을 들어 내려치려 하자 하늘로부터, "그 아이에게 네 손을 대지 말라 그에게 아무 일도 하지 말라"(22:10-12)는 급한 음성이 들려왔습니다. "아브라함이 눈을 들어 살펴본즉 한 숫양이 뒤에 있는데 뿔이 수풀에 걸려 있는지라 아브라함이 가서 그 숫양을 가져다가 아들을 대신하여 번제로 드렸더라"(13) 합니다.

하나님께서 "친히 준비하시리라" 한 번제할 어린 양이 1차적으로는 뿔이 수풀에 걸려 있는"숫양"이었으나 궁극적으로는, "하나님이 제사와 예물을 원하지 아니하시고 오직 나를 위하여 한 몸을 예비하셨도다"(히 10:5) 한, "한 몸", 즉 한 사람인 하나님의 독생자 예수 그리스도였던 것입니다.

그런데 우리 주님께서 십자가상에서, "엘리 엘리 라마 사박다니"(마 27:46) 라고 부르짖으셨을 때는 아무런 음성이 들려오지 않았습니다. 왜냐하면 이삭은 모형이었고 그리스도는 실체(實體)였기 때문입니다. 하나님에게는 자기 아들을 내려놓고 대신 내어줄 다른 제물이 없으셨던 것입니다.

이런 맥락에서 아브라함이 부름을 받은 사명의 절정(絶頂)은, "사랑하는 독자 이삭을, 번제로 드리라"(22:2) 하신 역할을 감당한 것이요, 이삭의 사명은 번제물의 임무를 묵묵히 순종한 것이라 할 수가 있습니다. 만일 아브라함이 1차 결단, 즉 지시할 땅으로 가라는 명령에는 순종하였으나, 2차 결단인 독자 이삭을 번제로 드리라는 명령에 불순종했다면 하나님께서 예표로 보여주시려는 구속교리를 계시하시지 못하였을 것입니다.

그렇습니다. 예수 그리스도께서 영광을 떠나 육신을 입고 낮고 천한 이 땅에 임마누엘하셨다 하여도, "그러나 내가 이를 위하여 이때에 왔나이다"(요12:27) 하신 십자가를 감당하시지 않으셨다면, "아버지께서 내게 하라고 주신 일"(요 17:4)을 완수하지 못한 것이 되고, 우리의 구원도 불가능했을 것이라는 점에 확고해야만 복음의 핵심을 바로 증언하는 복음전도자가 될 수가 있는 것입니다.

"내가 이를 위하여 이때에 왔나이다" 하신 주님의 십자가 앞에서, "나는 무엇을 증언하기 위하여 이때에 세움을 입었는가"라고 각성하고 결단을 해야 마땅할 것입니다.

이 사건을 통해서 하나님께서는 5번째 이자 마지막으로 메시아언약을 세워주십니다. 마지막 언약에는 "네 씨"라는 말이 3번이나 강조되어 있는데, ㉠ "내가 네게 큰 복을 주고 네 씨가 크게 번성하여 하늘의 별과 같고 바닷가의 모래와 같게 하리니", ㉡ "네 씨가 그 대적의 성문을 차지하리라", ㉢ "또 네 씨로 말미암아 천하 만민이 복을 받으리니"(17-18) 하십니다.

여기서 주목해야 할 점은 이 시점에서, "네 씨가 그 대적(對敵)의 성문을 차지하리라" 하시는 새로운 계시가 등장한다는 점입니다. "대적의 성문을 차지하리라"는 뜻은 승리를 가리키는데 이 대목에서 "뱀의 머리를 상하게 하리라" 하신 "승리"를 말씀하신다는 점을 명심해야만 합니다. 왜냐하면 주님께서 사탄의 머리를 상하게 하신 "승리"는 육신을 입고 오셔서, "죽음" 곧 "번제"를 통하여 "죽음의 세력을 잡은 자 곧 마귀를 멸하심"으로 가능해지기 때문입니다.

이점에서 한마디 부언할 점은 성경에 등장하는 기사에는 신학적인 면과 교훈적인 면이 있다는 점입니다. 22장을 통한 교훈적인 의미는, "우리 조상 아브라함이 그 아들 이삭을 제단에 드릴 때에 행함으로 의롭다 하심을 받은 것이 아니냐"(약 2:21) 한, "행함", 즉 순종입니다.

그러나 본문을 통해서 계시하시려는 바는, 하나님의 독생자를 "대속 제물"로 내어주실 것에 대한 예표인 것입니다. 인간이 행해야 할 실천윤리는 중요합니다만 우선하는 것은 신학적인 의미입니다. 왜냐하면 교훈 자체에는 해답(解答)이 없기 때문입니다.

형제여, 주님의 "십자가"가 끝이 아닙니다. "다시 사심", 즉 부활하심으로 승리하시고, "또 죽기를 무서워하므로 한평생 매여 종노릇 하는 모든 자들을 놓아 주셨던"(히 2:14-15) 것입니다. 이제 그리스도께서 담당하신 십자가가 즉흥적으로 된 일이 아니라는 점과, 복음의 뿌리가 어디까지 뻗혀 있는지 깨닫게 되셨습니까? 이것이 "하나님이 친히 준비하시리라" 한 진전된 구원계시입니다.

주 하나님 독생자 아낌없이 우리를 위해 보내주셨네
십자가에 피 흘려 죽으신 주 내 모든 죄를 대속하셨네
주님의 높고 위대하심을 내 영혼이 찬양하네
주님의 높고 위대하심을 내 영혼이 찬양하네

Gustave Dore <The Testing of Abraham's Faith>

창세기 23:1-20절 분석도표

주제 : 언약을 믿고 소망을 심은 사람들

매장할 소유지 갖기를 원함

1-9

1 사라가 백이십칠 세를 살았으니 이것이 곧 사라가 누린 햇수라

2 사라가 가나안 땅 헤브론 곧 기럇아르바에서 죽으매 아브라함이 들어가서
　　　　　　　　　　　　　　　사라를 위하여 슬퍼하며 애통하다가

3 그 시신 앞에서 일어나 나가서 헷 족속에게 말하여 이르되

4 나는 당신들 중에 나그네요 거류하는 자이니 당신들 중에서 내게 매장할 소유지를 주어
　　　　　　　　　　　내가 나의 죽은 자를 내 앞에서 내어다가 장사하게 하시오

5 헷 족속이 아브라함에게 대답하여 이르되

6 내 주여 들으소서 당신은 우리 가운데 있는 하나님이 세우신 지도자이시니 우리 묘실 중에서
　　　　　　　　좋은 것을 택하여 당신의 죽은 자를 장사하소서
　　　　　우리 중에서 자기 묘실에 당신의 죽은 자 장사함을 금할 자가 없으리이다

7 아브라함이 일어나 그 땅 주민 헷 족속을 향하여 몸을 굽히고

8 그들에게 말하여 이르되 나로 나의 죽은 자를 내 앞에서 내어다가 장사하게 하는 일이
　　　　당신들의 뜻일진대 내 말을 듣고 나를 위하여 소할의 아들 에브론에게 구하여

9 그가 그의 밭머리에 있는 그의 막벨라 굴을 내게 주도록 하되 충분한 대가를 받고 그 굴을 내게 주어
　　　당신들 중에서 매장할 소유지가 되게 하기를 원하노라 하매

땅값 은 사백 세겔

10-15

10 에브론이 헷 족속 중에 앉아 있더니 그가 헷 족속 곧 성문에 들어온 모든 자가 듣는 데서
　　　아브라함에게 대답하여 이르되

11 내 주여 그리 마시고 내 말을 들으소서 내가 그 밭을 당신에게 드리고 그 속의 굴도 내가 당신에게
　　　드리되 내가 내 동족 앞에서 당신에게 드리오니 당신의 죽은 자를 장사하소서

12 아브라함이 이에 그 땅의 백성 앞에서 몸을 굽히고

13 그 땅의 백성이 듣는 데서 에브론에게 말하여 이르되 당신이 합당히 여기면 청하건대
　　내 말을 들으시오 내가 그 밭값을 당신에게 주리니 당신은 내게서 받으시오 내가 나의 죽은 자를
　　　　　　　　　　　　　　거기 장사하겠노라

14 에브론이 아브라함에게 대답하여 이르되

15 내 주여 내 말을 들으소서 땅 값은 은 사백 세겔이나 그것이 나와 당신 사이에 무슨 문제가 되리이까
　　　　　　　　　　　　　당신의 죽은 자를 장사하소서

소유로 확정됨

16-20

16 아브라함이 에브론의 말을 따라 에브론이 헷 족속이 듣는 데서 말한 대로 상인이 통용하는
　　은 사백 세겔을 달아 에브론에게 주었더니

17 마므레 앞 막벨라에 있는 에브론의 밭 곧 그 밭과 거기에 속한 굴과 그 밭과
　　　　　그 주위에 둘린 모든 나무가

18 성문에 들어온 모든 헷 족속이 보는 데서 아브라함의 소유로 확정된지라

19 그 후에 아브라함이 그 아내 사라를 가나안 땅 마므레 앞 막벨라 밭 굴에 장사하였더라
　　　　　　　　　　　　　(마므레는 곧 헤브론이라)

20 이와 같이 그 밭과 거기에 속한 굴이 헷 족속으로부터 아브라함이 매장할 소유지로 확정되었더라

언약을 믿고 소망을 심은 사람들

설교 작성노트

23장은 사라의 죽음과 장례에 관한 기사다. 그런데 한 여인의 "장사 지냄"이 어떤 의미가 있기에 한 장을 할애하여 기록하고 있는가? 가나안의 헷 족속들은 "우리 묘실 중에서 좋은 것을 택하여 당신의 죽은 자를 장사하라"고 말하나 아브라함은 기어코 값을 지불하고, "매장할 소유지"(9)를 갖기를 원한다. 이런 맥락에서 중심점은 4번 등장하는, "소유"라는 말에 있다.

아브라함은 평생에 "발붙일 만큼도"(행 7:5) 땅을 소유한 적이 없었고 오직 가족묘지인 막벨라 밭과 굴 뿐이었다. 이에 대한 구속사적인 의미가 무엇인가? 아브라함은 사라를 매장한 것이 아니라, "이 땅을 주리라" 하신 하나님의 언약을 믿는 믿음을 심은 것이다. 이를 증언하려는 것이 내용목적이요, 우리에게도 자손들에게 물려줄, "막벨라 밭 굴"(19)이 있는가 하는 점이 적용목적이라 하겠다.

강론

23장은 사라의 죽음과 장례에 관한 기사입니다. 한 여인의 죽음과 장례가 어떤 의미가 있기에 한 장을 할애하고 있으며, 이를 통해서 말씀하려는 바가 무엇인가? 이것이 우리가 탐색해야 할 점입니다.

23장은, "사라가 백이십 칠세를 살았으니 이것이 곧 사라가 누린 햇수라"(1)고 시작이 됩니다. 이제 사라는 달려갈 길을 마치고 믿음을 지키고 구속사의 무대에서 퇴장을 한 것입니다. 그렇다면 사라는 무엇을 위해서 세움을 받았는가를 생각하게 합니다.

첫째로 꼽을 수 있는 것은, "내가 그에게 복을 주어 그가 네게 아들을 낳아 주게 하며 내가 그에게 복을 주어 그를 여러 민족의 어머니가 되게 하리니"(17:16) 하신, "여러 민족의 어머니" 역할입니다. 사라는 생리적으로는 불가능한 중에 이삭을 낳아 양육함으로 이 역할을 훌륭하게 감당했던 것입니다.

둘째로 교훈적인 면으로는, "전에 하나님께 소망을 두었던 거룩한 부녀들도 이와 같이 자기 남편에게 순종함으로 자기를 단장하였나니 사라가 아브라함을 주라 칭하여 순종한 것 같이 너희는 선을 행하고 아무 두려운 일에도 놀라지 아니하면 그의 딸이 된 것이니라"(벧전 3:5-6) 한, 돕는 배필로서의 모본입니다. 사라는 "여러 어머니"의 본이 되는 역할을 잘 담당했던 것입니다.

동고동락을 하던 사라가 죽자 아브라함은 슬퍼하며 애통을 했다고 말씀합니다. 그런데 슬퍼하며 애통만 하고 있었던 것이 아니라, "일어나"(2)라고 말씀합니다. 이것이 믿음의 사람들입니다.

"일어나 나가서" 당시 가나안의 헷 족속에게, "내게 매장할 소유지를 주어 내가 나의 죽은 자를 장사하게"(4) 해달라고 요청합니다. 하나님께서는, "이 땅을 주리라"고 약속하셨지만 현실적으로는 아브라함에게는 자기 아내를 장례할 몇 평의 땅도 없었던 것입니다.

저들은 "우리 묘실 중에서 좋은 것을 택하여 당신의 죽은 자를 장사하소서"(6), 즉 자신들의 묘실을 거저 사용하라고 말합니다. 이점에서 유념할 점은 아브라함은 저들이 말하는, "우리 묘실", 즉 가나안 사람의 묘실에 장사하기를 원치 아니하고, "자기 소유"에 장사하기를 원하고 있다는 점을 주목해야만 합니다.

이런 맥락에서 23장에서 주목해야 할 한 단어가 있는데 그것은 4번(4, 9, 18, 20)이나 강조되어 있는 "소유"(所有) 라는 말입니다. 그런데 아브라함 당대에는 발붙일 만한 자기 소유의 땅도 없었고, "이 땅을 그와 그의 후손에게 소유로 주시겠다"(행 7:5) 하신, "약속어음"으로만 주어졌던 것입니다. 그리하여 아브라함은 일생 동안을 장막에 거하였는데, 그런 아브라함이 매장지만은 자기 소유로 삼고자 그토록 "집착"(執着)한 이유가 무엇이겠습니까?

거저 사용하라는 것을 몇 번의 실랑이 끝에 기어코 은 400백 세겔을 주고 사서 "모든 헷 족속이 보는 데서 아브라함의 소유로 확정된지라, 그 후에 아브라함이 그 아내 사라를 가나안 땅 마므레 앞 막벨라 밭 굴에 장사하였더라"(18-19)고 말씀합니다. 그리고 23장은, "이와 같이 그 밭과 거기에 속한 굴이 헷 족속으로부터 아브라함이 매장할 소유지로 확정되었더라"(20)고 끝을 맺고 있습니다.

그렇다면 아브라함은 무엇 때문에 매장지를 자기 소유로 삼고자 그토록 집착을 했는가? 이를 통해서 말씀하시려는 바가 무엇인가 하고 물어야 마땅합니다.

㉠ 첫째는, "이 땅을, 400년 후에 주리라"(15:15) 하신 하나님의 약속을 믿고 증표로 말뚝을 박아 놓으려는 것입니다.

㉡ 둘째는, 가족 묘지라는 표적을 통해서 메시아 언약을 잊지 않도록 자손들에게 물려주기를 원하였기 때문입니다. 그러니까 아브라함은 막벨라 굴에 사라를 장례한 것이 아니라 언약을 믿는 "믿음"을 심은 셈입니다.

㉢ 셋째는, 부활 신앙이라 할 수가 있습니다. 사라의 죽음과 장례를 진술하는 23장은, 이삭을 번제로 드리라 하신 22장 뒤에 놓여 있다는 점을 주목해야만 합니다. 신약성경은 아브라함이 "믿은바 하나님은 죽은 자를 살리시며 없는 것을 있는 것으로 부르시는 이시니라"(롬 4:17)고 해설해주고 있습니다. 왜 그런가? 죽은 자와 같은 자신들을 통하여 후사를 주실 것을 믿었기 때문입니다.

또한 언약의 자손 이삭을 번제로 드릴 지라도, "그가 하나님이 능히 이삭을 죽은 자 가운데서 다시 살리실 줄로 생각한지라"(히 11:19), 즉 하나님의 구원계획을 성취하기 위해서 이삭을 다시 살려 주실 것을 믿었다(히 11:19)고 말씀합니다. 그러니까 아브라함은 막벨라 밭에 부활의 소망을 심어놓은 셈입니다.

이 굴에는 사라뿐만 아니라 아브라함 자신과 이삭과 리브가, 야곱과 레아도 장례 되었습니다. 이점을 신약성경은, "이 사람들은 다 믿음을 따라 죽었으며 약속을 받지 못하였으되 그것들을 멀리서 보고 환영하며 또 땅에서는 외국인과 나그네임을 증언하였으니 그들이 이같이 말하는 것은 자기들이 본향 찾는 자임을 나타냄이라"(히 11:13-14)고 말씀합니다.

끝으로 우리의 관심은 하나님께서 약속하신 4백년 후 가나안을 정복하여 분배할 때에 막벨라 굴, 즉 "헤브론"을 어느 지파가 차지하게 될 것인가에 관심이 모아지게 됩니다. 그런데 본문을 보시면, "막벨라 밭 굴에 장사하였더라 (마므레는 곧 헤브론이라)"(19)고, 괄호를 치고 그곳이 "헤브론"이라고 설명을 덧붙이고 있는 것을 보게 됩니다.

그리고 땅을 분배할 때에 유다 지파 족장인 갈렙은, "그 날에 여호와께서 말씀하신 이 산지를 지금 내게 주소서 당신도 그 날에 들으셨거니와 그 곳에는 아낙 사람이 있고 그 성읍들은 크고 견고할지라도 여호와께서 나와 함께 하시면 내가 여호와께서 말씀하신 대로 그들을 쫓아내리이다 하니 여호수아가 여분네의 아들 갈렙을 위하여 축복하고 〈헤브론〉을 그에게 주어 기업을 삼게"(수 14:12-13) 했다고 말씀합니다. 하나님의 명에 의해서 말입니다.

그리하여 "아브라함, 이삭, 야곱" 등 족장들이 믿고 잠들어 있는 정통성이 유다로 계승하게 되었고, 그리스도의 주 무대가 될 예루살렘, 베들레헴 등이 유다 지파에 분배가 되었던 것입니다. 아브라함은 이를 멀리서 바라보며 "믿고 죽은"(히 11:13) 것이 됩니다. 실로 하나님께서 하시는 일은 놀랍기만 합니다.

23장을 통해서 우리에게 적용이 되는 바가 무엇인가? 22장에서 계시하여 주신대로 그리스도의 대속적인 죽음을 통해서 구원을 얻은 하나님의 자녀들에게는 "죽어도 산다"는 부활의 소망과, 그들을 위하여 예비해 놓으신 영원한 기업인 영적 가나안이 있다는 점입니다.

이런 맥락에서 아브라함의 진정한 소유는 굴이 아니라 "언약"이었고, 이를 소유하는 방편은 "믿음"이었다는 사실입니다. 형제에게도 자손들에게 물려줄 막벨라 굴이 있습니까? 이것이 "언약을 믿고 소망을 심은 사람들"입니다.

마음 괴롭고 아파서 낙심 될 때 내게 소망을 주셨으며
내가 영광의 주님을 바라보니 앞길 환하게 보이도다
나의 놀라운 꿈 정녕 나 믿기는 장차 큰 은혜 받을 표니
나의 놀라운 꿈 정녕 이루어져 주님 얼굴을 뵈오리라

Gustave Dore <The Burial of Sarah>

창세기 24:1-15절 분석도표

주제 : 천만인의 어머니를 맞이하게 하심

1-5

이삭의 아내를 택하라

1 아브라함이 나이가 많아 늙었고 여호와께서 그에게 범사에 복을 주셨더라

2 아브라함이 자기 집 모든 소유를 맡은 늙은 종에게 이르되 청하건대 내 허벅지 밑에 네 손을 넣으라

3 내가 너에게 하늘의 하나님, 땅의 하나님이신 **여호와를 가리켜 맹세하게 하노니**

너는 내가 거주하는 이 지방 **가나안 족속의 딸 중에서 내 아들을 위하여 아내를 택하지 말고**

4 내 고향 내 족속에게로 가서 │ 내 아들 이삭을 위하여 아내를 택하라 │

5 종이 이르되 여자가 나를 따라 이 땅으로 오려고 하지 아니하거든

내가 주인의 아들을 주인이 나오신 땅으로 인도하여 돌아가리이까

6-9

데리고 가지말라

6 아브라함이 그에게 이르되 내 아들을 │ 그리로 데리고 돌아가지 아니하도록 하라 │

7 하늘의 하나님 여호와께서 나를 내 아버지의 집과 내 고향 땅에서 떠나게 하시고 내게 말씀하시며

내게 맹세하여 이르시기를 이 땅을 네 씨에게 주리라 하셨으니

│ 그가 그 사자를 너보다 앞서 보내실지라 │

네가 거기서 내 아들을 위하여 아내를 택할지니라

8 만일 여자가 너를 따라 오려고 하지 아니하면 나의 이 맹세가 너와 상관이 없나니

│ 오직 내 아들을 데리고 그리로 가지 말지니라 │

9 그 종이 이에 그의 주인 아브라함의 허벅지 아래에 손을 넣고 이 일에 대하여 그에게 맹세하였더라

10-15

리브가의 등장

10 이에 종이 그 주인의 낙타 중 열 필을 끌고 떠났는데

곧 그의 주인의 모든 좋은 것을 가지고 떠나 메소보다미아로 가서 나홀의 성에 이르러

11 그 낙타를 성 밖 우물곁에 꿇렸으니 저녁때라 여인들이 물을 길으러 나올 때였더라

12 그가 이르되 우리 주인 아브라함의 하나님 여호와여 원하건대

│ 오늘 나에게 순조롭게 만나게 하사 │

내 주인 아브라함에게 은혜를 베푸시옵소서

13 성 중 사람의 딸들이 물 길으러 나오겠사오니 내가 우물곁에 서 있다가

14 한 소녀에게 이르기를 청하건대 **너는 물동이를 기울여 나로 마시게 하라 하리니** 그의 대답이

마시라 내가 당신의 낙타에게도 마시게 하리라 하면

그는 주께서 주의 종 이삭을 위하여 정하신 자라

이로 말미암아 주께서 내 주인에게 은혜 베푸심을 내가 알겠나이다

15 │ 말을 마치기도 전에 리브가가 물동이를 어깨에 메고 나오니 │

그는 아브라함의 동생 나홀의 아내 밀가의 아들 브두엘의 소생이라

천만인의 어머니를 맞이하게 하심

설교 작성노트

24장은 이삭에게 배필을 짝지어주는 내용이다. 그런데 이점이 어떤 의미가 있기에 성경 한 장을 할애하여 진술하고 있는가? 이점에서 이삭에게 리브가를 맞이하게 하는 내용이 사라의 장례(23장) 뒤에 이어지는 문맥이라는 점을 유념해야만 한다. 왜냐하면 "하와, 사라"로 이어진 생명의 어미의 빈자리가 리브가로 채워지고 있기 때문이다.

이런 맥락에서 24장의 중심점은 리브가에게, "너는 천만인의 어머니가 될지어다 네 씨로 그 원수의 성 문을 얻게 할지어다"(60) 한 축복에 있는 것이다.

이렇게 해서 그리스도를 보내시려는 "산 자의 어머니"(3:20)의 줄기를, "여러 민족의 어머니"(17:16)라 하신 사라에 이어 리브가로 이어지게 하셨다는 것을 증언하려는 것이 내용목적이요, 이삭의 신부 리브가의 예표를 통해서 그리스도의 신부인 우리의 모범으로 제시하고자 하는 것이 적용목적이라 하겠다.

강론

24장은, "아브라함이 나이가 많아 늙었고"(1) 하고 시작이 됩니다. 이는 한 세대는 지나가고 새로운 세대가 구속사의 무대에 등장하게 될 세대교체를 나타내고 있습니다. 사라는 이미 구속사의 무대를 떠났고, 아브라함도 곧 뒤를 따르게 될 것입니다.

이런 맥락에서 아브라함이 감당해야 할 마지막 사명이 무엇인가? 그것은 메시아언약을 계승할 이삭에게 배필을 맞이하게 하는 일입니다. 아담이, "혼자 사는 것을 좋지 않게"(2:18) 보신 하나님은 동일하게 이삭이 혼자 사는 것도 좋지 않게 보신다는 점입니다. 왜냐하면 "여자의 후손"을 보내시려는 계획이 있으시기 때문입니다.

이런 맥락에서 아브라함은 충성스런 늙은 종에게, "너는 내가 거주하는 이 지방 가나안 족속의 딸 중에서 내 아들을 위하여 아내를 택하지 말고 내 고향 내 족속에게로 가서 내 아들 이삭을 위하여 아내를 택하라"(3-4)고 명하면서 맹세하게 합니다. 이는 아들 장가보낸다는 단순한 이야기가 아니라 그리스도를 보내실 후사(後嗣)를 잇게 하려는 중요한 임무라는 점을 인식해야만 합니다.

아브라함의 충성스런 종은, "여자가 나를 따라 이 땅으로 오려고 하지 아니하거든 내가 주인의 아들을 주인이 나오신 땅으로 인도하여 돌아가리이까"(5) 라고 묻습니다. 과연 신부가 될 자가 보지도 못한 신랑을 바라고 따라올 것인가?

이점에서 성경 전반에 걸쳐서 직면하게 되는 두 주제가 대두되게 되는데 첫째는, 선민이 "가나안 족속"(3)과 섞일, 즉 세속화의 위험이요, 둘째는 약속의 땅을 떠날 위험인 것입니다. 이 두 경계는 현대교회에도 적실성이 있는 심각한 문제인 것입니다.

"내 아들을 그리로 데리고 돌아가지 아니하도록 하라(6), 오직 내 아들을 데리고 그리로 가지 말지니라"(8)고 거듭 경계합니다.

그런데 아브라함의 언급은 여기서 끝이는 것이 아니라 중요한 점은, "하늘의 하나님 여호와께서 나를 내 아버지의 집과 내 고향 땅에서 떠나게 하시고 내게 말씀하시며 내게 맹세하여 이르시기를 이 땅을 네 씨에게 주리라 하셨으니 그가 그 사자를 너보다 앞서 보내실지라"(7)고 하나님께서 섭리 중에 인도하실 것을 믿고 있다는 점입니다.

그렇습니다. "네 아들 네 사랑하는 독자 이삭"을 번제로 드리라 하신 22장에 보면 문맥과는 상관이 없는, "이 일 후에 어떤 사람이 아브라함에게 알리어 이르기를 밀가가 당신의 형제 나홀에게 자녀를 낳았다 하였더라"(22:20) 하면서 "브두엘은 리브가를 낳았다"(23)고 리브가가 태어나는 것을 진술함으로 끝을 맺고 있는 것을 대하게 됩니다. 이는 하나님께서 이삭의 아내로 리브가를 예비해 놓으셨다는 점을 드러내고 있는 것입니다.

하란에 당도한 충성스런 종은, "우리 주인 아브라함의 하나님 여호와여 원하건대 오늘 나에게 순조롭게 만나게 하사 내 주인 아브라함에게 은혜를 베푸시옵소서"(12) 하고, 간구한 대로 순조롭게 리브가를 만나게 됩니다.

리브가의 집으로 인도된 충성스런 종은 자초지종을 고한 후에, "내 주인 아브라함의 하나님 여호와께서 나를 바른 길로 인도하사 나의 주인의 동생의 딸을 그의 아들을 위하여 택하게 하셨으므로 내가 머리를 숙여 그에게 경배하고 찬송하였나이다" 하면서, "이제 당신들이 인자함과 진실함으로 내 주인을 대접하려거든 내게 알게 해주시고 그렇지 아니할지라도 내게 알게 해주서서 내가 우로든지 좌로든지 행하게 하소서"(48-49) 하고 결단을 촉구합니다.

아버지 라반과 오빠 브두엘은, "이 일이 여호와께로 말미암았으니 우리는 가부를 말할 수 없노라 리브가가 당신 앞에 있으니 데리고 가서 여호와의 명령대로 그를 당신의 주인의 아들의 아내가 되게 하라"(50-51)고 하나님의 섭리에 순복합니다. 24장에는 하나님의 친히 나타나심이 전연 없지만 사건 전반에 걸쳐서 하나님의 선한 손의 인도하심과 섭리하심이 잔잔히 깔려 있음을 대하게 됩니다.

아브라함의 늙은 종을 나홀의 집으로 인도하시어 리브가를 만나게 하시고, 그를 택하여 이삭의 아내로 짝지어 주신 분은 하나님이셨던(48) 것입니다. 그러므로 24장에 등장하는 아브라함의 늙은 종과 리브가는 물론, 그의 오라비 라반과 아버지 브두엘 등이 하나님의 섭리하심과 인도하심을 따라 민감하게 순복하고 있는 모습을 대하게 됩니다.

승낙이 떨어지자 아브라함의 충성스런 종은 바로 다음 날, "나를 보내어 내 주인에게로 돌아가게 하소서" 하는 것이 아닌가? 그러자 리브가의 어머니와 가족들은, "이 아이로 하여금 며칠 또는 열흘을 우리와 함께 머물게 하라 그 후에 그가 갈 것이니라"고 말합니다.

너무나 갑작스런 일이라 마치 꿈을 꾸는 것 같았을 것입니다. 그러자 "나를 만류하지 마소서 여호와께서 내게 형통한 길을 주셨으니 나를 보내어 내 주인에게로 돌아가게 하소서" 하고 지체할 수 없음을 말합니다. 이런 점에 그가 충성스런 종이라는 특성이 나타나고 있습니다.

결국 장본인인 리브가를 불러, "네가 이 사람과 함께 가려느냐"고 묻게 되었는데, "그가 대답하되 가겠나이다"(54-58) 하는 것이 아닌가! 얼굴도 보지 못한 신랑을 바라고, 주저함이 없이 말입니다. 종이, "나를 만류하지 마소서 여호와께서 내게 형통한 길을 주셨으니 나를 보내어 내 주인에게로 돌아가게 하소서" 한말은, 종의 충성심을 나타내고, 리브가의 "가겠나이다"한 단호한 말은 그리스도의 신부된 자의 결단이라 할 것입니다. 성경은 말씀합니다.

딸이여 듣고 보고 귀를 기울일지어다

네 백성과 네 아버지의 집을 잊어버릴지어다

그리하면 왕이 네 아름다움을 사모하실지라

그는 네 주인이시니 너는 그를 경배할지어다 (시 45:10-11)

그들은 리브가를 떠내 보내면서, "너는 천만인의 어머니가 될지어다,

네 씨로 그 원수의 성 문을 얻게 할지어다"(60) 라고 축복을 합니다. 두 가지 축복인데, ㉠ "너는 천만인의 어머니가 될지어다"한 축복은 하나님께서 아브라함에게, "네 아내 사래는 이름을 사래라 하지 말고 사라라 하라" 하시면서, "내가 그에게 복을 주어 그를 여러 민족의 어머니가 되게 하리니"(17:15-16) 하신 축복과 상통하고,

㉡ "네 씨로 그 원수의 성 문을 얻게 할지어다" 한 축복은 하나님께서, "네 씨가 그 대적의 성문을 차지하리라"(22:17) 하신 복 주심과 부합하는 축복이었던 것입니다.

리브가가 보지 못한 신랑을 믿고 사모하여 먼 길을 달려와 만나게 되는 사실은, "예수를 너희가 보지 못하였으나 사랑하는도다 이제도 보지 못하나 믿고 말할 수 없는 영광스러운 즐거움으로 기뻐하니 믿음의 결국 곧 영혼의 구원을 받음이라"(벧전1:8-9) 한 말씀과 부합니다. 우리도 보지 못하였으나 믿고 사모하며 고대하던 신랑을 반갑게 만나게 될 날이 올 것입니다.

22장의 "네 아들 네 사랑하는 독자 이삭"(22:2)이 그리스도의 예표라면 그의 신부 리브가를 그리스도의 신부인 교회의 예표로 여긴다는 것은 합당한 것입니다. 24장에 나타난 리브가의 일거일동을 주목해보십시오, "급히 그 물동이를 손에 내려 마시게 하고, 급히 물동이의 물을 구유에 붓고"(18, 20) 하는 부지런 하고 민첩한 모습을 보게 됩니다.

또한 "당신의 낙타를 위하여서도 물을 길어 그것들도 배불리 마시게 하리이다"(19) 하는 배려와, 자원하는 헌신적인 모습에서 그리스도의 신부 된 우리의 모범을 보게 됩니다.

잠언서는 의외라 싶게, "누가 현숙한 여인을 찾아 얻겠느냐 그의 값은 진주보다 더 하니라"(잠 31:10)고 "현숙한 아내"로 끝을 맺고 있는데, 이는 교훈적인 의미만이 아니라 신학적인 의미가 있는 것입니다.

현숙한 아내는, "밤이 새기 전에 일어나서 자기 집안 사람들에게 음식을 나누어 준다"(15)고 말씀하는데 이는 "충성되고 지혜 있는 종이 되어 주인에게 그 집 사람들을 맡아 때를 따라 양식을 나눠 줄 자가 누구냐"(마 24:45) 하신 주님의 말씀과 상통하는 것입니다.

"자기 집 사람들은 다 홍색 옷을 입었으므로 눈이 와도 그는 자기 집 사람들을 위하여 염려하지 아니하며"(21) 한 말씀을, "네 곤고한 것과 가련한 것과 가난한 것과 눈 먼 것과 벌거벗은 것을 알지 못하는도다"(계 3:17) 하신 말씀과 결부시켜 보면 어떻게 되는가?

과연 위임하여 주신 성도들은 벌거벗지 아니하고 모두 다 의의 옷을 입고 있는가? 자문하게 합니다. 왜냐하면 "눈이 오는" 역사적인 종말이 다가오고 있기 때문입니다.

잠언은, "고운 것도 거짓되고 아름다운 것도 헛되나 오직 여호와를 경외하는 여자는 칭찬을 받을 것이라 그 손의 열매가 그에게로 돌아갈 것이요 그 행한 일로 말미암아 성문에서 칭찬을 받으리라"(잠 31:30-31)고 마치고 있는데 이것이 그리스도의 신부된 우리의 모범이라 하겠습니다.

또한 끝내 이름을 밝히지 않고 있는 아브라함의 늙은 충복은, "내가 하나님의 열심으로 너희를 위하여 열심을 내노니 내가 너희를 정결한 처녀로 한 남편인 그리스도께 드리려고 중매함이로다"(고후 11:2) 한 주의 종의 역할을 수행하고 있는 것이 됩니다. 그는 자신을 내세우거나 자신의 수단이나 방법에 의지하려 하지 않고 시종일관 하나님만을 의뢰하며 그 인도하심을 의지하고 있습니다. 아브라함의 충성스러운 종과 바울 사도에게 맡겨졌던 중매의 사명이 이제는 우리에게 맡겨졌다는 점을 명심해야 할 것입니다.

24장은, "이삭이 리브가를 인도하여 그의 어머니 사라의 장막으로 들이고 그를 맞이하여 아내로 삼고 사랑하였으니 이삭이 그의 어머니를 장례한 후에 위로를 얻었더라"(67)고 마치고 있는데, 사라가 떠남으로 비게 된 "생명의 어머니"의 자리가 리브가로 채워지고 있는 것입니다. 이것이 "천만인의 어머니를 맞이하게 하심"입니다.

> 구주를 생각만 해도 이렇게 좋거든
> 주 얼굴 뵈올 때에야 얼마나 좋으랴
> 예수의 넓은 사랑을 어찌 다 말하랴
> 그 사랑 받은 사람만 그 사랑 알도다

Gustave Dore <Eliezer and Rebekah at the Well>

창세기 25:19–34절 분석도표

주제 : 하나님의 주권에 속한 예정교리

이삭의 족보

19–21

19 아브라함의 아들 **이삭의 족보는 이러하니라** 아브라함이 이삭을 낳았고

20 이삭은 사십 세에 **리브가를 맞이하여 아내를 삼았으니** 리브가는 밧단 아람의 아람 족속 중
브두엘의 딸이요 아람 족속 중 라반의 누이였더라

21 이삭이 그의 아내가 임신하지 못하므로 그를 위하여 여호와께 간구하매
여호와께서 그의 간구를 들으셨으므로 그의 아내 리브가가 임신하였더니

두 국민 두 민족

22–26

22 그 아들들이 그의 태 속에서 서로 싸우는지라 그가 이르되 이럴 경우에는 내가 어찌할꼬 하고
가서 **여호와께 묻자온대**

23 여호와께서 그에게 이르시되

두 국민이 네 태중에 있구나 두 민족이 네 복중에서부터 나누이리라

이 족속이 저 족속보다 강하겠고 큰 **자가 어린 자를 섬기리라** 하셨더라

24 그 해산 기한이 찬즉 태에 쌍둥이가 있었는데

25 먼저 나온 자는 붉고 전신이 털옷 같아서　　　　이름을 에서라 하였고

26 후에 나온 아우는 손으로 에서의 발꿈치를 잡았으므로 그 이름을 야곱이라 하였으며
리브가가 그들을 낳을 때에 이삭이 육십 세였더라

육에 속한 자의 특성

27–34

27 그 아이들이 장성하매 에서는 익숙한 사냥꾼이었으므로 들사람이 되고
야곱은 조용한 사람이었으므로 장막에 거주하니

28 이삭은 에서가 사냥한 고기를 좋아하므로 그를 사랑하고 리브가는 야곱을 사랑하였더라

29 야곱이 죽을 쑤었더니 에서가 들에서 돌아와서 심히 피곤하여

30 야곱에게 이르되 **내가 피곤하니 그 붉은 것을 내가 먹게 하라** 한지라
그러므로 에서의 별명은 에돔이더라

31 야곱이 이르되 형의 장자의 명분을 오늘 내게 팔라

32 에서가 이르되 내가 죽게 되었으니 이 장자의 명분이 내게 무엇이 유익하리요

33 야곱이 이르되 오늘 내게 맹세하라 에서가 맹세하고 장자의 명분을 야곱에게 판지라

34 야곱이 떡과 팥죽을 에서에게 주매 에서가 먹으며 마시고 일어나 갔으니
에서가 장자의 명분을 가볍게 여김이었더라

하나님의 주권에 속한 예정교리

설교 작성노트

본문은 이삭의 아내 리브가가 쌍둥이를 잉태하는 것과, 이들이 태속에서부터 싸우는 것으로 시작이 된다. 이런 25장에는 두 부류로 갈라지는 장면이 두 번 등장하는데 첫째는 "이삭의 족보"(19)와 "이스마엘의 족보"(12)를 대조하여 보여줌으로 나타나고, 둘째는 "에서와, 야곱"이 리브가의 태중에서 부터 "두 국민, 두 민족"으로 나누이게 되는 점이다.

이삭의 아내로 리브가를 예선해 놓으신 하나님께서는 논란이 많은 예정교리를 변명의 여지가 없도록 쌍둥이를 통해서 계시하셨다. 에서와 야곱은 쌍둥이요, 더욱이나 태어나기도 전에 "두 국민, 두 민족"으로 갈라지게 되는 것을 대하게 된다는 것은 우리로 하여금 하나님의 엄위와 절대주권 앞에 무릎을 꿇게 한다. 그러므로 예정교리란 동떨어진 주제가 아니라 하나님의 절대주권에 속한 것이라는 점을 증언하려는 것이 내용목적이다.

그러므로 어떤 사람이 하나님의 택하심을 받았다는 사실은 그 무엇에도 비할 수 없는 하나님의 사랑이요 축복이라는 점을 확신시키려는 것이 적용목적이라 하겠다.

강론

24장에서 이삭의 결혼이 하나님의 계획과 섭리 중에 이루어졌다는 점을 상고하였습니다. 그런데 25장에서는 리브가가 임신하지 못하므로 이삭이 하나님께 간구하였더니, "여호와께서 그의 간구를 들으셨으므로 그의 아내 리브가가 임신하였더니"(21) 합니다.

그런데 웬 일입니까? "그 아들들이 그의 태속에서 서로 싸우는지라"(22), 즉 쌍둥이를 잉태했는데 복중에서 싸우고 있었다는 것입니다. 그래서 "이럴 경우에는 내가 어찌할꼬" 하고 이번에는 하나님께 그 까닭을 묻는 기도를 드렸다는 것입니다.

그러자 하나님께서는, "두 국민이 네 태중에 있구나 두 민족이 네 복중에서부터 나누이리라 이 족속이 저 족속보다 강하겠고 큰 자가 어린 자를 섬기리라"(23) 하시는 것이 아닌가? 세 마디로 되어 있는데 리브가의 태속에는, ㉠ "두 국민이 있다"는 것과, ㉡ 그들이 태어나기도 전인, "복중에서부터 나누이리라"는 것과, ㉢ "이 족속이 저 족속보다 강하겠고 큰 자가 어린 자를 섬기리라", 즉 두 부류 간에는 분쟁이 있을 것이나 "어린 자"가 승리하게 되리라는 말씀입니다.

이처럼 "에서와, 야곱"은 이삭의 쌍둥이 아들로 태어나 구속사의 무대에 등장을 하게 되는데 이것이 무심한 일이요, 우연한 일로 여겨지십니까? 이처럼 두 부류로 나누이게 되리라는 점을 구속사라는 맥락으로 추적하게 되면, "내가 너로 여자와 원수가 되게 하고 네 후손도 여자의 후손과 원수가 되게 하리니 여자의 후손은 네 머리를 상하게 할 것이요 너는 그의 발꿈치를 상하게 할 것이니라" 하신 창세기 3:15절의 선언이 리브가의 태속에서 벌어지고 있다는 점을 깨닫게 됩니다.

오늘날도 지구라는 태속에는 "두 국민, 두 나라", 즉 예수 그리스도를 믿는 자들과 믿지 않는 자들로 나눠져 있는 것입니다.

문제는 부모도 같고 더욱이나 한 태 속에 있는 쌍둥이인데 어떻게 해서 태어나기도 전에 두 부류로 갈라지게 되느냐 하는 점입니다. 이 사건을 통해서 계시하시려는 바가 무엇인가?

이점을 계시가 밝히 드러난 신약성경에서는, "또한 리브가가 우리 조상 이삭 한 사람으로 말미암아 임신하였는데 그 자식들이 아직 나지도 아니하고 무슨 선이나 악을 행하지 아니한 때에 택하심을 따라 되는 하나님의 뜻이 행위로 말미암지 않고 오직 부르시는 이로 말미암아 서게 하려 하사 리브가에게 이르시되 큰 자가 어린 자를 섬기리라 하셨나니"(롬 9:10-12) 하고, "택하심을 따라 되는 하나님의 뜻"이라고 해설해주고 있습니다.

이는 인간의 이성으로는 이해할 수도 없고 감당할 수도 없는 문제입니다. 그래서 자고(自古)로 예정교리는 논란(論難)이 끊이지 않는 문제입니다.

그런데 타락한 인간의 본성, 즉 하나님중심에서 인간중심적이 된 인간은 자기중심적으로, "누구는 택하시고 누구는 버리신단 말이냐"고 항변을 합니다. 이처럼 논쟁하게 될 것을 아신 하나님께서는 부모도 같고 쌍둥이라는 특이한 상황을 연출하게 하시어 논란의 여지가 없도록 확정적으로 보여주신 것이 본문을 통해서 계시하시려는 중심 주제라 할 수가 있습니다.

묻습니다. 형제도 예정교리에 대해 거부감 같은 것이 발동합니까? 단도직입적으로 말씀을 드립니다만 하나님께서 구원 얻을 자를 예정해놓으시지 않으셨다면 어떻게 되는 줄 알고나 있습니까? 구원 얻을 자가 한 사람도 없게 될 것입니다. 왜냐하면 구원의 주체(主體)가 인간에게 있게 되어 비록 한 때 구원을 얻었다 해도 끝까지 유지하지를 못하고 잃게 될 것이 분명하기 때문입니다. 결국 행위구원론이 되고 마는 것입니다.

그러므로 "구원"은 하나님께서 주권적으로 선택하신 자들을, 은혜로 견인해주심으로만이 가능하여진다는 점을 인정하고 하나님의 주권 앞에 잠잠하게 되는 것입니다. 주님은 말씀하십니다. "전에 너희에게 말하기를 내 아버지께서 오게 하여 주지 아니하시면 누구든지 내게 올 수 없다 하였노라"(요 6:65).

또한 "내가 그들에게 영생을 주노니 영원히 멸망하지 아니할 것이요 또 그들을 내 손에서 빼앗을 자가 없느니라 그들을 주신 내 아버지는 만물보다 크시매 아무도 아버지 손에서 빼앗을 수 없느니라"(요 10:28-29) 하십니다.

그러므로 예정교리는 하나님을 하나님 되게, 즉 하나님의 주권(主權)을 세우게 되면 필연적으로 도달하게 되는 교리요, 구원의 확실성에 대한 최종적인 보증이요, 확신이요, 소망이요, 환희요, 감격인 것입니다.

이런 영광스러운 교리를 독립적인 주제로 다루기 때문에 논쟁거리로 삼고 있는 것입니다. 그러므로 성경은 예정교리에 대해 논쟁하려는 자에게, "이 사람아 네가 누구이기에 감히 하나님께 반문하느냐 지음을 받은 물건이 지은 자에게 어찌 나를 이같이 만들었느냐 말하겠느냐 토기장이가 진흙 한 덩이로 하나는 귀히 쓸 그릇을, 하나는 천히 쓸 그릇을 만들 권한이 없느냐"(롬 9:20-21)고 반문을 하면서 하나님의 주권(主權) 앞에 잠잠하라고 말합니다.

이점에서 한마디 언급해야 할 점은 하나님의 주권과 인간의 책임이라는 문제입니다. 이점이 본문 27절 이하에 나타나는데, "야곱이 죽을 쑤었더니 에서가 들에서 돌아와서 심히 피곤하여 야곱에게 이르되 내가 피곤하니 그 붉은 것을 내가 먹게 하라" 합니다.

그러자 야곱은, "형의 장자의 명분을 오늘 내게 팔라"고 말합니다. 어찌 이럴 수가 있단 말인가? 이는 "후에 나온 아우는 손으로 에서의 발꿈치를 잡았으므로 그 이름을 야곱이라 하였다"(26) 한 특성과 결부가 되는 묘사인데 야곱의 일생은 장자 곧 그리스도의 족보에 오르는 것에 올인하고 있었다는 점을 나타냅니다.

그러나 에서는, "내가 죽게 되었으니 이 장자의 명분이 내게 무엇이 유익하리요, 에서가 맹세하고 장자의 명분을 야곱에게 판지라", 이는 또 무슨 망령된 일인가? 이점을 신약성경에서는, "혹 한 그릇 음식을 위하여 장자의 명분을 판 에서와 같이 망령된 자가 없도록 살피라 너희가 아는 바와 같이 그가 그 후에 축복을 이어받으려고 눈물을 흘리며 구하되 버린 바가 되어 회개할 기회를 얻지 못하였느니라"(히 12:16-17)고 경고합니다. 이것이 인간의 책임인 것입니다.

야곱이 떡과 팥죽을 에서에게 주매, "에서가 먹으며 마시고 일어나 갔으니 에서가 장자의 명분을 가볍게 여김이었더라"(32-34), 여기에 택함을 받은 자와 유기된 자의 특성이 나타납니다.

이상의 말씀이 우리에게 적용이 되는바가 무엇인가? 하나님께서는 말라기 선지자를 통해서 선민 이스라엘에게, "내가 너희를 사랑하였노라"고 말씀하십니다. 그러자 그들은 "주께서 어떻게 우리를 사랑하셨나이까", 즉 하나님께서 사랑하시는 것이 이 모양 이 꼴입니까 라고 항변을 합니다. "나 여호와가 말하노라 에서는 야곱의 형이 아니냐 그러나 내가 야곱을 사랑하였고 에서는 미워하였으며"(말 1:2-3), 즉 "택하심"을 최고의 사랑으로 꼽으십니다.

천지의 주재자가 되시는 하나님께서 나 같은 죄인을 택하여 주셨다는 이보다 더 큰사랑이 어디 있습니까? 하나님께서 형제를 친히 택하여 주셨다는 점을 믿으십니까? 택하신 것이 끝이 아니라 택하신 자들을 자기 아들의 대속을 통하여 자녀가 되는 권세를 주셨고, 후사요, 유업을 이을 자로 삼아주셨습니다. 그래도 "주께서 어떻게 우리를 사랑하셨나이까"라고 말할 것입니까?

다시 강조합니다. 택하신 것만이 아니라 택하신 자들을, "또한 부르시고 부르신 그들을 또한 의롭다 하시고 의롭다 하신 그들을 또한 영화롭게 하셨느니라"(롬 8:30)고 끝까지 견인해주십니다. 그래도 부족합니까?

그래도 "예정교리"를 가볍게 여겨 논쟁거리로 삼을 것입니까? 이 근본적인 진리를 진정 믿는다면 이보다 아주 작은 지엽적인 문제는 믿고 의탁할 수가 있지 않겠습니까? 이것이 "하나님의 주권에 속한 예정교리"입니다.

능치 못할 것 주께 없으니 나의 일생을 주께 맡기면
나의 모든 짐 대신지시는 주의 영원한 팔 의지해
주의 영원하신 팔 함께 하사 항상 나를 붙드시니
어느 곳에 가든지 요동하지 않음은 주의 팔을 의지함이라

창세기 28:10-19절 분석도표

주제 : 벧엘에서 만나주신 하나님

사닥다리계시	**10-12** 10 야곱이 브엘세바에서 떠나 하란으로 향하여 가더니 11 한 곳에 이르러는 해가 진지라 거기서 유숙하려고 그 곳의 한 돌을 가져다가 베개로 삼고 거기 누워 자더니 12 꿈에 **본즉** **사닥다리가 땅 위에 서 있는데** **그 꼭대기가 하늘에 닿았고** 또 **본즉** 하나님의 사자들이 **그 위에서 오르락내리락 하고**

13-15

13 또 **본즉** 여호와께서 그 위에 서서 이르시되

나는 여호와니 너의 조부 아브라함의 하나님이요

이삭의 하나님이라 네가 누워 있는 땅을 내가 너와 네 자손에게 주리니

14 네 자손이 땅의 티끌 같이 되어 네가 서쪽과 동쪽과 북쪽과 남쪽으로 퍼져나갈지며

땅의 모든 족속이 너와 네 자손으로 말미암아 복을 받으리라

15 **내가 너와 함께 있어 네가 어디로 가든지 너를 지키며**

너를 이끌어 이 땅으로 돌아오게 할지라

내가 네게 허락한 것을 다 이루기까지 너를 떠나지 아니하리라 하신지라

16-19

16 야곱이 잠이 깨어 이르되 **여호와께서 과연 여기 계시거늘 내가 알지 못하였도다**

17 이에 두려워하여 이르되 **두렵도다 이 곳이여**

이것은 다름 아닌 **하나님의 집이요**

이는 **하늘의 문이로다** 하고

18 야곱이 아침에 일찍이 일어나 베개로 삼았던 돌을 가져다가 기둥으로 세우고

그 위에 기름을 붓고

그 곳 이름을 벧엘이라 하였더라 이 성의 옛 이름은 루스더라

벧엘에서 만나주신 하나님

설교 작성노트

본문은 야곱이 에서로 가장하여 아버지를 속이고 장자의 축복을 가로챈 일로 인하여 형 에서가 죽이려 하자 하란으로 피난을 가는 노중에서 일어난 사건을 다루고 있다. "한 곳에 이르러는 해가 진지라 거기서 유숙하려고 그 곳의 한 돌을 가져다가 베개로 삼고 거기 누워 자더니"(11) 하는 고독한 상황에서 하나님께서 그를 찾아 만나주셨다.

만나주신 것만이 아니라, "땅의 모든 족속이 너와 네 자손으로 말미암아 복을 받으리라"(14)고, 아브라함과 이삭에게 세워주셨던 메시아언약을 야곱에게 계승을 시켜주신다. 그리하여 하나님은, "아브라함, 이삭, 야곱의 하나님"이 되신 것이다. 이를 증언하고자 하는 것이 내용목적이다.

하나님은 택한 야곱이요, 언약의 당사자인 야곱에게, "내가 너와 함께 있어 네가 어디로 가든지 너를 지키며 너를 이끌어 이 땅으로 돌아오게 할지라"(15)고 보장해주신다. 이 보장은 동일하게 택함을 받은 우리에게도 적실성이 있다는 점이 적용목적이라 하겠다.

강론

훗날 야곱은 바로에게, "내 나그네 길의 세월이 백삼십 년이니이다" 하면서 "험악한 세월을 보내었나이다"(47:9)고 진술합니다. 야곱의 일생은 참으로 파란만장한 일생이었습니다. 어찌하여 이런 고난을 당하게 되었는가? 첫째는, 하나님께서 택하셨기 때문입니다. 택하실 때에는 사명, 즉 감당해야 할 역할이 있기 때문인데 사명을 감당하기 위해서는 고난이 따르게 되는 것입니다. 다윗이나 사도 바울이 어찌하여 그런 고난을 당했는가를 생각해 보십시오. "택한 나의 그릇"(행 9:15)이기 때문입니다. 야곱이 고난을 당하게 된 첫째 원인도 하나님께서 택하셨기 때문입니다.

둘째는, 야곱은 태어날 때부터 장자가 되지 못한 것이 분해서, "형 에서의 발꿈치를 잡았다"(25:26)고 전해줍니다. 배가 고파서 팥죽을 요구하는 형에게, "장자의 명분을 오늘 내게 팔라"(25:31) 한 것은 무엇을 의미하는가? 장자가 되기를 오매불망 열망하고 있었다는 증거입니다. 기어코 아버지로부터 장자의 축복을 가로챘기(27:23) 때문에 박해를 받게 된 것입니다.

이점에서 유념해야 할 점은 어머니 리브가와 공모하여 에서로 가장을 하여 아버지를 속이고 장자의 축복을 가로챘다는 것은 정당화될 수는 없다는 점입니다. 이를 인하여 망명길에 오르게 된 것은 일종의 징벌이라 할 수가 있습니다.

"야곱이 브엘세바에서 떠나 하란으로 향하여 가더니 한 곳에 이르러는 해가 진지라 거기서 유숙하려고 그 곳의 한 돌을 가져다가 베개로 삼고 거기 누워 자더니"(10-11), 이 광경을 영상으로 그려보시기 바랍니다. 얼마나 외롭고 처량했을 것인가? 이때 야곱은 무슨 생각을 했을 것인가?

그런데 "본즉, 또 본즉(12), 또 본즉"(13), 즉 보았다고 말씀합니다. 무엇을 보았단 말인가? 계시(啓示)란 열어서 보여주심으로 보게 된 것을 뜻합니다. 첫째로, "꿈에 본즉 사닥다리가 땅 위에 서 있는데 그 꼭대기가 하늘에 닿은" 것을 본 것입니다. 둘째는, "또 본즉 하나님의 사자들이 그 위에서 오르락내리락 하는"(12) 것을 보았다고 말합니다.

충족된 계시, 즉 성경이 주어지지 않은 시대였기에 하나님께서는 꿈을 통해서 계시하셨는데 이점을 호세아 선지자는, "하나님은 벧엘에서 그를 만나셨고 거기에서 우리에게 말씀하셨나니"(호12:4) 합니다.

"사닥다리" 계시는 아브라함이나 이삭에게는 나타내시지 않은 야곱에게만 독특하게 보여주신 계시인데, "사닥다리"는 위와 아래, 즉 끊어진 두 사이를 이어주는 기구입니다. 사닥다리가 야곱이 누어있는 땅과 하나님이 계신 하늘을 이어주자, 하나님의 사자들이, "오르락 내리락"하는 것을 보여주셨습니다.

그렇다면 의미는 분명한데 사닥다리 계시는, "오직 너희 죄악이 너희와 너희 하나님 사이를 갈라 놓았고"(사 59:2) 한, 하나님과 인간 사이를 이어주실 그리스도를 상징하는 것이 되는 것입니다.

주님은, "진실로 진실로 너희에게 이르노니 하늘이 열리고 하나님의 사자들이 인자 위에 오르락 내리락 하는 것을 보리라"(요 1:51) 하십니다. 또한 "내가 곧 길이요 진리요 생명이니 나로 말미암지 않고는 아버지께로 올 자가 없느니라"(요 14:6)고 말씀하십니다.

그러면 "사닥다리 계시"를 통해서 말씀하신바가 무엇인가? "또 본즉 여호와께서 그 위에 서서 이르시되 나는 여호와니 너의 조부 아브라함의 하나님이요 이삭의 하나님이라 네가 누워 있는 땅을 내가 너와 네 자손에게 주리니 네 자손이 땅의 티끌 같이 되어 네가 서쪽과 동쪽과 북쪽과 남쪽으로 퍼져나갈 지며 땅의 모든 족속이 너와 네 자손으로 말미암아 복을 받으리라"(13-14) 하십니다.

핵심은, "땅의 모든 족속이 너와 네 자손으로 말미암아 복을 받으리라"는 "자손"에 있는데, 하나님께서는 아브라함과 이삭에게 세워주신 메시아언약을 야곱에게 계승시켜주신 것입니다.

야곱은 장자의 축복을 인간의 수단방법으로 쟁취하려 하였으나 하나님께서는 택한 야곱, 홀로 있는 야곱, 도망가는 야곱, 밤중에 빈들에서 돌베개를 하고 잠을 자는 야곱, 자력으로는 아무 것도 할 수 없는 야곱을 친히 찾아오셔서 주권적으로 계승시켜주셨던 것입니다.

그리고 "내가 너와 함께 있어 네가 어디로 가든지 너를 지키며 너를 이끌어 이 땅으로 돌아오게 할지라 내가 네게 허락한 것을 다 이루기까지 너를 떠나지 아니하리라"(15) 고 보장까지 해주십니다. 4마디로 되어 있는데,

㉠ "내가 너와 함께 있겠다".

㉡ "네가 어디로 가든지 너를 지켜주겠다".

㉢ "너를 이끌어 이 땅으로 돌아오게 하겠다".

㉣ "내가 네게 허락한 것을 다 이루기까지 너를 떠나지 아니하리라" 하십니다.

어찌하여 야곱과 함께 하시고, 지켜주시고, 돌아오게 해주신다 하시는가? 야곱에게 자격이 있어서가 아니라 메시아언약의 계승자이기 때문에 하나님의 구원계획을 이루시기 위해서인 것입니다.

하나님께서는 택한 야곱의 방랑을 합력하여 선을 이루시어 첫째는, 이삭처럼 가나안 족속이 아닌 아브라함의 족속에서 아내를 맞이하게 하셨고, 둘째는 혼자 떠났다가 12족장이 될 12아들을 데리고 돌아오게 하시고, 셋째는 야곱으로 떠났다가 "이스라엘"이 되어 돌아오게 하시려는 계획을 갖고 계시는 것입니다.

야곱이 잠이 깨어 이르되, "여호와께서 과연 여기 계시거늘 내가 알지 못하였도다, 두렵도다 이곳이여 이것은 다름 아닌 하나님의 집이요 이는 하늘의 문이로다"(16-17)고 고백합니다. 그리하여 "그 곳 이름을 벧엘이라"(19), 즉 하나님의 집이라 했다는 것입니다. 이는 놀라운 고백이라 할 것입니다.

아무런 건물도 없는 빈들인데 어떻게 "하나님의 집"이라 하는가? 허허 벌판인데 어떻게 "하늘의 문"이라 하는가? ㉠ 하나님이 함께 하시기 때문에 "하나님의 집"이요, ㉡ "사닥다리 계시"가 있기 때문에 "하늘의 문"인 것입니다. 한마디로 메시아언약이 있기 때문인 것입니다.

이 말씀이 우리에게 적용이 되는바가 무엇인가? 성경은 말씀합니다. "너희는 너희가 하나님의 성전인 것과 하나님의 성령이 너희 안에 계시는 것을 알지 못하느냐"(고전 3:16), 한걸음 나아가, "너희 몸은 너희가 하나님께로부터 받은바 너희 가운데 계신 성령의 전인 줄을 알지 못하느냐"(고전 6:19)고 묻고 있습니다. 우리 "몸"이 성전이라니 이는 더욱 놀라운 말씀인 것입니다.

그렇습니다. 성도들의 공동체인 교회가 "하나님의 집이요 하늘의 문"인 것입니다. 또한 "두 세 사람이 모인" 형제의 가정이 "하나님의 집"이요, 하나님과 교제와 교통이 이루어지는, "하늘의 문"이라는 점을 명심하시기 바랍니다.

형제를 보내시는 곳, 가는 곳, 머무는 곳마다, "여호와께서 과연 여기 계시거늘 내가 알지 못하였도다, 두렵도다 이 곳이여 이것은 다름 아닌 하나님의 집이요 이는 하늘의 문이로다" 하는 고백이 있으시기를 기원합니다. 이것이 "벧엘에서 만나주신 하나님"입니다.

맘속에 시험을 받을 때와 무거운 근심이 있을 때에
주께서 그 때도 같이 하사 언제나 나를 도와 주시네
언제나 주는 날 사랑하사 언제나 새 생명주시나니
영광의 기약이 이르도록 언제나 주만 바라봅니다

Gustave Dore <Jacob's Dream>

창세기 32:20-32절 분석도표

주제 : 네 이름을 이스라엘이라 하라

<table>
<tr><td rowspan="1">건
너
게
하
고</td><td colspan="2">

20-23

20 또 너희는 말하기를 주의 종 야곱이 우리 뒤에 있다 하라 하니 이는 야곱이 말하기를
　 내가 내 앞에 보내는 **예물로 형의 감정을 푼 후에 대면하면** 형이 혹시 나를 받아 주리라
　 함이었더라

21 그 예물은 그에 앞서 보내고 그는 무리 가운데서 밤을 지내다가

22 밤에 일어나 두 아내와 두 여종과 열한 아들을 인도하여 **얍복 나루를** | 건널새

23 　　　　　　　　　　　　그들을 인도하여 **시내를** | 건너가게 하며

　　　　　　　　　　　　　　　　그의 소유도 | 건너가게 하고
</td></tr>
</table>

24-29

24 　**야곱은 홀로 남았더니**

　 어떤 사람이 날이 새도록 야곱과 씨름하다가

25 　　자기가 야곱을 이기지 못함을 보고 그가 야곱의 허벅지 관절을 치매
　　　야곱의 허벅지 관절이 그 사람과 씨름할 때에 어긋났더라

26 그가 이르되 날이 새려하니 나로 가게 하라
　 야곱이 이르되 당신이 내게 축복하지 아니하면 가게 하지 아니하겠나이다

27 그 사람이 그에게 이르되 **네 이름이 무엇이냐**　　그가 이르되 야곱이니이다

28 그가 이르되 　　　　　　**네 이름을 다시는 야곱이라 부를 것이 아니요**

　　　　　이스라엘이라 부를 것이니

　　　　　이는 네가 하나님과 및 사람들과 겨루어 이겼음이니라

29 야곱이 청하여 이르되 당신의 이름을 알려주소서
　 그 사람이 이르되 어찌하여 내 이름을 묻느냐 하고 거기서 야곱에게 축복한지라

30-32

30 그러므로 야곱이 그 곳 이름을 브니엘이라 하였으니 그가 이르기를
　　　　　내가 하나님과 대면하여 보았으나 내 생명이 보전되었다 함이더라

31 　　　　　　　　그가 브니엘을 지날 때에 **해가 돋았고**
　　　　　　　　　그의 허벅다리로 말미암아 **절었더라**

32 그 사람이 야곱의 허벅지 관절에 있는 둔부의 힘줄을 쳤으므로
　 이스라엘 사람들이 지금까지 허벅지 관절에 있는 **둔부의 힘줄을 먹지 아니하더라**

네 이름을 이스라엘이라 하라

설교 작성노트

창세기 32장은 또 하나의 분기점(分岐點)이라 할 수가 있다. 왜냐하면 야곱으로 떠났다가 "이스라엘"이 되어 돌아오고, 단신으로 떠났다가 12족장이 될 12아들을 거느리고 돌아오게 되었기 때문이다.

하란 생활 20년을 청산하고 얍복 나루에 이른 야곱은 에서가 자신을 만나러 4백인을 거느리고 온다는 소식을 듣고 전전긍긍하여 특유의 지혜를 발동하여 계책을 강구한다. "그들을 인도하여 시내를 건너가게 하며 그의 소유도 건너가게 하고"(23), "야곱은 홀로 남았더니"(24) 한다.

이때 하나님 편에서 씨름을 걸어온 것이다. 이는 씨름의 목적이 하나님 편에 있다는 점을 나타내는데, 야곱은 씨름을 통해서, "이스라엘"이라는 축복을 받는다. 그렇다면 이에 대한 구속사적인 의미가 무엇인가를 증언하려는 것이 내용목적이다.

그리고 야곱은 모태로부터 이제까지 사람과 씨름을 했는데 비로소 하나님과 씨름을 한 것이다. 나는 이제까지 무엇을 얻기 위해서, 누구와 씨름을 하고 있는가를 돌아보게 하고자 하는 것이 적용목적이라 할 수가 있다.

강론

장자의 축복을 가로챈 일로 인하여 에서가 야곱을 죽이려 하자 어머니 리브가는 야곱을 외가로 피신시키면서, "네 형의 노가 풀리기까지 몇 날 동안 그와 함께 거주하라"(27:44)고 말합니다. 그러나 이것이 어머니와의 마지막 작별의 장면이 된 것입니다. 야곱은 하란에서 20년을 거주하게 되는데, 두 아내와 두 몸종을 통해서 12아들을 얻게 되고, "내가 내 지팡이만 가지고 이 요단을 건넜더니 지금은 두 떼나 이루었나이다"(10) 한 대로 많은 재산을 얻게 됩니다.

때가 되매 하나님께서는 야곱에게, "네 조상의 땅 네 족속에게로 돌아가라 내가 너와 함께 있으리라"(31:3) 하십니다. 이는 20년 전 벧엘에서, "내가 너와 함께 있어 네가 어디로 가든지 너를 지키며 너를 이끌어 이 땅으로 돌아오게 할지라"(28:15) 하신 약속을 지켜주심이었던 것입니다. 왜 돌아가게 하시는가? 가나안은 그리스도가 오실 약속의 땅이기 때문입니다.

야곱이 돌아온다는 소식을 듣고 에서가 400명을 거느리고 마주 온다는 보고에 접한 야곱은 "심히 두렵고 답답하여 자기와 함께 한 동행자와 양과 소와 낙타를 두 떼로 나누고, 에서가 와서 한 떼를 치면 남은 한 떼는 피하리라"(7-8)고, 머리를 굴려 야곱 특유의 계책을 세웁니다.

그러면서도 한 편으로는, "내 조부 아브라함의 하나님, 내 아버지 이삭의 하나님 여호와여 주께서 전에 내게 명하시기를 네 고향, 네 족속에게로 돌아가라 내가 네게 은혜를 베풀리라 하셨나이다 나는 주께서 주의 종에게 베푸신 모든 은총과 모든 진실하심을 조금도 감당할 수 없사오나 내가 내 지팡이만 가지고 이 요단을 건넜더니 지금은 두 떼나 이루었나이다 내가 주께 간구하오니 내 형의 손에서, 에서의 손에서 나를 건져내시옵소서 내가 그를 두려워함은 그가 와서 나와 내 처자들을 칠까 겁이 나기 때문이니이다"(9-11)고 하나님께 간구합니다.

기도를 하면서도 예물을 첫째, 둘째, 셋째, 세 떼로 나누어 보내면서, "또 너희는 말하기를 주의 종 야곱이 우리 뒤에 있다 하라 하니 이는 야곱이 말하기를 내가 내 앞에 보내는 예물로 형의 감정을 푼 후에 대면하면 형이 혹시 나를 받아 주리라 함이었더라"(20)고, 하나님의 언약이나 기도 응답을 신뢰하기보다는 예물을 의지합니다. 이것이 나약한 우리들의 모습이기도 합니다.

이제 22-23절을 보시기 바랍니다. "밤에 일어나 두 아내와 두 여종과 열한 아들을 인도하여 얍복 나루를 건널 새 그들을 인도하여 시내를 건너가게 하며 그의 소유도 건너가게 하고" 합니다.

두 아내도 건네고, 두 여종도 건네고, 열한 아들도 건네고, 그의 모든 소유도 건넸다 합니다.

㉠ 야곱은 "두 아내"를 위해서 14년을 봉사했습니다.

㉡ 야곱은 "그의 소유"를 위해서 20년을 억척스럽게 살았습니다. 그런데 이 모든 것을 얍복나루를 "건너가게 했다"는 것입니다. 그렇다면 이제 야곱에게 남은 것이 무엇이란 말인가?

㉢ "야곱은 홀로 남았더니",

이때 "어떤 사람이 날이 새도록 야곱과 씨름했다"(24)는 것입니다. 이 점에서 먼저 확정해야 할 점은 야곱 편에서 씨름을 건 것이 아니라, 하나님 편에서 선수적으로 씨름을 걸어왔다는 점입니다 이는 씨름의 목적(目的)이 야곱에게 있는 것이 아니라 하나님께 있음을 의미합니다. 그렇다면 하나님께서 이 시점에 왜 씨름을 걸어오셨을까 하는 점입니다.

이점에서 유의해야 할 점은 성경에 등장하는 사건들에는 교훈적인 면과 신학적인 의미가 있다는 점입니다. 오늘의 설교가 적용에 급급하여 교훈에 초점을 맞추지만 인간이 행해야 하는 교훈은 중요하지만 교훈에는 해답이 없다는 점입니다. 그러므로 언제나 중요한 것은 하나님께서 행해주실 신학적인 의미인 것입니다.

먼저 교훈적인 면을 생각해 보겠습니다. 하나님은 야곱에게 "자기를 의뢰하지 말고 죽은 자를 살리시는 하나님만 의지하게 하는"(고후 1:9) 훈련의 필요성을 아셨던 것입니다. 이제까지의 야곱의 삶은 사람과의 씨름의 연속이었습니다.

그의 고달픈 씨름은 모태에서부터 시작되었는데, 그 후에 계속되는 에서와의 씨름, 아버지 이삭과의 씨름, 이제도 외삼촌 라반과 20년간이나 씨름을 하다가 돌아오는 야곱입니다. 그때마다 야곱은 자신의 수단과 방법과 능력만을 의존하고 있었습니다.

이런 야곱이 하란에서의 훈련을 마치고 약속의 땅 가나안으로 귀향하고 있는 것입니다. 이제 야곱은 에서와 한 판 씨름을 벌이려고 만반의 준비태세를 갖추고 있는 중입니다.

중요한 점은 신학적인 의미인데, "야곱은 홀로 남았더니"(24), 그렇습니다. 이렇게 살아온 야곱은 홀로 남은 것입니다.

20년 전 벧엘에서도, "한 곳에 이르러는 해가 진지라 거기서 유숙하려고 그 곳의 한 돌을 가져다가 베개로 삼고 거기 누워 자더니"(11), 즉 홀로 남은 그때에 하나님께서 만나주셨던 것입니다. 형제에게도 다 떠나고 홀로 남았던 그런 시기가 있었겠지요.

야곱이 당도한 얍복 나루는 요단강의 지류로 가나안과의 접경지입니다. 야곱으로 떠났다가 야곱으로 돌아오게 된다면 20년의 세월이 허송세월이 되고 맙니다. 하나님께서는 구속사의 수레바퀴를 전진(前進)시키시려는 것입니다.

"자기가 야곱을 이기지 못함을 보고 그가 야곱의 허벅지 관절을 치매 야곱의 허벅지 관절이 그 사람과 씨름할 때에 어긋났더라"(25) 합니다. "허벅지 관절"을 32절에서는, "둔부의 힘줄"이라고 말씀하고, 개역 본에서는 "큰 힘줄"로 되어 있습니다. 여기에는 상징성이 있습니다.

하나님의 택하심과 언약의 계승자로 세움을 입었으면서도 아직까지 포기하지 않은 채 믿고 의지하고 있는 "큰 힘줄", 그것을 치셨다는 뜻이기 때문입니다. 환도뼈가 위골이 되자 야곱은 비로소, "당신이 내게 축복하지 아니하면 가게 하지 아니 하겠나이다"(26)고 붙잡고 매달립니다.

야곱이 붙잡고 매달리는 그 손은 태어날 때에 에서의 발꿈치를 붙잡고(25:26) 놓지 않았던 그 손입니다. 팥죽을 쑤던 손이요, 염소 가죽을 뒤집어쓰던 손이요, 신풍나무 껍질을 벗기던 손이요, 에서에게 줄 예물 보따리를 꾸리던 손입니다. 그 손이 이제 하나님을 붙잡고 놓지 않겠노라고 매달리는 것입니다.

야곱은 이미 아내와 자식들과 물질의 축복도 받았습니다. 그런데 "내게 축복하지 아니하면 가게 하지 아니하겠나이다" 하고 구하는 축복이 무엇이란 말인가? 아닙니다. 하나님께서 씨름을 통해서 주시려는 축복이 무엇인가 하고 물어야 마땅합니다. "네 이름을 다시는 야곱이라 부를 것이 아니요 이스라엘이라 부를 것이니 이는 네가 하나님과 및 사람들과 겨루어 이겼음이니라"(28) 한, "이스라엘"이라는 축복입니다.

얍복 나루에서 야곱에게 주어진 축복은 자녀도 땅도 아닙니다. 그것은 이미 벧엘에서 주어진 것입니다. "이스라엘"이라는 축복입니다. 그러면 구속사의 맥락으로 볼 때, "이스라엘"이라는 축복이 어떤 의미가 있는가? "하나님께서는 아브라함, 이삭, 야곱으로 이어져 내려온 한 가문(家門)에서 한 민족(民族)으로 번성케 하시려는 계획을 갖고 계시는 것입니다.

아브라함, 이삭의 대에 되어진 일로 미루어 본다면 "이스라엘"이라는 축복이 아니었다면 12아들 중 한 아들만이 택함을 받고 11아들은 버림을 당했을 것입니다. 그러나 변변치 못한 근원에서 태어난 그들이 하나님의 선민 이스라엘의 12족장이 될 수 있었던 것은, "이스라엘이라 하라" 하신 축복으로 가능해진 것입니다.

야곱은 결코 자기가 하나님을 이기었노라고 말하고 있지 않습니다. 30절에 보면 야곱은 씨름을 걸어온 "어떤 사람"을 하나님으로 인식하고 있는데, "내가 하나님과 대면하여 보았으나 내 생명이 보전되었다"는 뜻에서 그곳 이름을 "브니엘", 즉 하나님의 얼굴이라는 이정표를 세워놓았습니다.

이제 생각해 보아야만 하겠습니다. 교회 안에는 하나님께서 이기지 못하시는 사람들이 많이 있습니다. 하나님 앞에서 자존심을 세우고 목에 힘을 주며 고집(固執) 하며 교만(驕慢)한 자들은 아직까지 하나님께서 이기시지 못한 자들, 즉 "큰 힘줄"이 부서지지 않은 사람들입니다. 묻습니다. 형제가 이제까지 믿고 의지하던 "환도뼈 큰 힘줄"은 무엇입니까? 물질입니까? 지식입니까? 간판입니까? 교회 건물입니까? 교인 머리 수입니까?

형제는 이제까지 무엇을 얻기 위해서 누구와 씨름을 했습니까? 이제 하나님과 씨름을 하여 "이스라엘"이라는 축복을 받으시기를 축원합니다. 그렇게 하려면 "환도뼈"가 위골이 되어야 한다는 점을 기억하시기 바랍니다.

야곱이 이스라엘이 되어, "브니엘을 지날 때에 해가 돋았고 그의 허벅다리로 말미암아 절었더라"(31) 합니다. 비록 발은 절뚝거렸으나 근심하고 두려워하고 답답해하던 어두운 밤은 지나고 소망의 해가 솟아오른 것입니다. 이것이 "네 이름을 이스라엘이라 하라"는 축복입니다.

주 예수보다 더 귀한 것은 없네 이 세상 행복과 바꿀 수 없네

유혹과 핍박이 몰려와도 주 섬기는 내 맘 변치 않아

세상 즐거움 다 버리고 세상 자랑 다 버렸네

주 예수 보다 더 귀한 것은 없네 예수 밖에는 없네

Gustave Dore <Jacob Wrestles with the Angel>

창세기 46:1-7절 분석도표

주제 : 야곱을 애굽으로 보내시는 하나님의 의도

너와 함께 애굽으로 내려가겠고

1-4

1 이스라엘이 모든 소유를 이끌고 떠나 브엘세바에 이르러
그의 아버지 이삭의 **하나님께 희생제사를 드리니**

2 그 밤에 하나님이 이상 중에 이스라엘에게 나타나 이르시되
야곱아 야곱아 하시는지라 야곱이 이르되 내가 여기 있나이다 하매
3 하나님이 이르시되 나는 하나님이라 네 아버지의 하나님이니

애굽으로 내려가기를 두려워하지 말라

내가 거기서 너로 큰 민족을 이루게 하리라

4 **내가 너와 함께 애굽으로 내려가겠고**

반드시 너를 인도하여 다시 올라올 것이며
요셉이 그의 손으로 네 눈을 감기리라 하셨더라

애굽으로 갔더라

5-7

5 야곱이 브엘세바에서 떠날 새 이스라엘의 아들들이 바로가 그를 태우려고 보낸 수레에
자기들의 아버지 야곱과 자기들의 처자들을 태우고
6 그들의 가축과 가나안 땅에서 얻은 재물을 이끌었으며
야곱과 그의 자손들이 다 함께 애굽으로 갔더라
7 이와 같이 야곱이 그 아들들과 손자들과 딸들과 손녀들
곧 **그의 모든 자손을 데리고 애굽으로 갔더라**

야곱을 애굽으로 보내시는 하나님의 의도

설교 작성노트

본문은 하란에서 돌아와 약속의 땅 헤브론에 거하고 있는 야곱에게, "애굽으로 내려가기를 두려워하지 말라"고 애굽으로 내려 보내시는 내용이다. 이는 형들의 시기로 애굽으로 팔려가 총리가 된 요셉의 초청으로 이루어진 것인데 성경은, "그가 한 사람을 앞서 보내셨음이여 요셉이 종으로 팔렸도다, 곧 여호와의 말씀이 응할 때까지라"(시 105:17, 19)고 하나님의 섭리 중에 되어진 일이라고 말씀한다.

아브라함, 이삭이 약속의 땅을 떠나려 하자 막으셨던 하나님께서 이스라엘이 되어 약속의 땅으로 돌아오게 하신 야곱을 애굽으로 내려 보내시는 의도가 무엇인가 하는 점을 증언하려는 것이 내용목적이다.

애굽으로 내려간 야곱의 자손들, 즉 선민 이스라엘이 4백여 년간 노예생활을 하는 동안에 에서의 족속들은 왕국을 이루고 잘 먹고 잘 살고들 있었다. 이를 통해서 하나님의 사랑하심과 택하심을 입은 자들은 말겨주신 사명을 감당하기 위해서 이 땅에서는 고난을 받을 각오를 해야 한다는 것이 적용목적이라 하겠다.

강론

46장은 하란에서 돌아와 약속의 땅 헤브론에 거하고 있는 야곱에게, "애굽으로 내려가기를 두려워하지 말라"고 애굽으로 내려 보내시는 내용입니다. 이는 형들의 시기로 애굽으로 팔려가 하나님의 섭리 중에 총리가 된 요셉의 초청으로 이루어진 것입니다.

그런데 요셉의 사건을 시편 기자는, "그가 한 사람을 앞서 보내셨음이여 요셉이 종으로 팔렸도다"(시 105:17)고 하나님의 계획 가운데 되어진 일이라고 말씀합니다.

이런 맥락에서 46장에서 추구해야 할 점 두 가지가 있는데 첫째는, ㉠ "아브라함, 이삭"이 약속의 땅을 떠나자 막으셨던 하나님께서 "이스라엘"이라는 복을 주서서 약속의 땅으로 돌아오게 하신 야곱을 애굽으로 내려 보내시는 의도가 무엇인가 하는 점이요, 둘째는 ㉡ 애굽으로 내려간 야곱의 족속들이 애굽 사람들이 가증히 여기는 목축업을 한다고 말하게 하여 "고센 땅"에 거하게 한(34) 의도가 무엇인가 하는 점입니다.

46장은, "이스라엘이 모든 소유를 이끌고 떠나 브엘세바에 이르러 그의 아버지 이삭의 하나님께 희생제사를 드리니"(1) 하고 시작이 됩니다. 브엘세바는 가나안 땅에서 애굽으로 내려가는 길목인데 유서 깊은 곳입니다. 아브라함이 아비멜렉과 불가침조약을 맺고 두 사람이 거기서 서로 맹세하였음으로, "그 곳을 브엘세바라 이름하였더라"(21:31) 곧 맹세의 우물이라 한 곳이요, 그랄로 내려갔던 이삭이 약속의 땅으로 돌아와서, "제단을 쌓고, 여호와의 이름을 부르며 거기 장막을 쳤더니"(26:25) 한 곳이 브엘세바입니다.

이러한 브엘세바에서 야곱이 하나님께 제사를 드렸다는 것은, "애굽으로 내려가도 되겠습니까" 라고 묻는 의미가 있었던 것입니다. 그러자 하나님께서는, "나는 하나님이라 네 아버지의 하나님이니 애굽으로 내려가기를 두려워하지 말라 내가 거기서 너로 큰 민족을 이루게 하리라 내가 너와 함께 애굽으로 내려가겠고 반드시 너를 인도하여 다시 올라올 것이며 요셉이 그의 손으로 네 눈을 감기리라"(3-4)고 말씀하십니다.

이 말씀이 46장의 요절인데 네 마디로 되어 있습니다.

㉠ "애굽으로 내려가기를 두려워하지 말라", 즉 내려가라 하십니다.

㉡ "내가 거기서 너로 큰 민족을 이루게 하리라", 즉 한 가문에서 민족(民族)이 되게 하겠다 하십니다.

㉢ "내가 너와 함께 애굽으로 내려가겠고", 즉 야곱만 내려 보내시는 것이 아니라 하나님께서도 야곱과 함께 내려가겠다고 말씀하십니다.

㉣ 그런데 내려가는 것이 끝이 아니라, "반드시 너를 인도하여 다시 올라올 것이며", 즉 데리고 올라 오겠다고 말씀하십니다.

핵심은 "반드시 너를 인도하여 다시 올라올 것이라"는데 있는데, "인도하여 다시 올라오게"하실 것이면 어찌하여 애굽으로 내려보내시는가? 하나님도 함께 내려가시면서 말입니다.

"다시 올라올 것이라" 하심은 벧엘에서도, "내가 너와 함께 있어 네가 어디로 가든지 너를 지키며 너를 이끌어 이 땅으로 돌아오게 할지라”
(28:15)고 약속하신 바요, 하란에서도 “네 조상의 땅 네 족속에게로 돌아
가라 내가 너와 함께 있으리라”(31:3)고 말씀하신 바입니다.

이 약속을 믿었기에 야곱은 임종머리에서, “나는 죽으나 하나님이 너
희와 함께 계시사 너희를 인도하여 너희 조상의 땅으로 돌아가게 하시
려니와”(48:21) 라고 말했고, 요셉도 “나는 죽을 것이나 하나님이 당신들
을 돌보시고 당신들을 이 땅에서 인도하여 내사 아브라함과 이삭과 야
곱에게 맹세하신 땅에 이르게 하시리라”(50:24)고 유언을 했던 것입니
다.

이제 야곱을 애굽으로 내려 보내시는 하나님의 의도는 분명해진 것
입니다. 출애굽을 통해서 “영적 출애굽”을 계시하시고자 하는 것입니
다. 야곱을 “이스라엘”이 되게 하신 데는 한 민족을 이루어 “영적 출애
굽”의 예표적인 사명을 감당하게 하기 위해서였던 것입니다.

이점에서 주목해야 할 점은, “내가 너와 함께 애굽으로 내려가겠다”
는 말씀입니다. 이를 구속사라는 맥락으로 추적해 보면 참으로 중요한
의미가 있는데, “너와 함께 애굽으로 내려가겠다” 하신 하나님은 모세를
부르실 때에 어디서 부르시는가를 주목해보시기를 바랍니다.

“여호와의 사자가 떨기나무 가운데로부터 나오는 불꽃 안에서 그에게
나타나시니라” 합니다. 모세가 보니, “떨기나무에 불이 붙었으나 그 떨기
나무가 사라지지 아니하는지라”(출 3:2-3), 즉 타서 없어지지 않았다는 것
입니다.

“떨기나무”는 사막에 자생하는 나무인데 화목 외에는 쓸모가 전연 없

는 나무로 이스라엘 민족을 상징하고, "불이 붙었다"는 것은 불같은 환난을 당하고 있음을 나타냅니다. 그런데 어찌하여 타서 사라지지를 않는가?

"내가 너와 함께 내려가겠다" 하신 하나님께서 "떨기나무 가운데로부터 나오는 불꽃 안에서", 즉 하나님이 그들 가운데 계셨기 때문입니다. 이점을 이사야서에서는, "야곱아 너를 창조하신 여호와께서 지금 말씀하시느니라 이스라엘아 너를 지으신 이가 말씀하시느니라 너는 두려워하지 말라 내가 너를 구속하였고 내가 너를 지명하여 불렀나니 너는 내 것이라 네가 물 가운데로 지날 때에 내가 너와 함께 할 것이라 강을 건널 때에 물이 너를 침몰하지 못할 것이며 네가 불 가운데로 지날 때에 타지도 아니할 것이요 불꽃이 너를 사르지도 못하리니"(사 43:1-2) 하십니다.

그래서 "학대를 받을수록 더욱 번성하여 퍼져나갔다"(1:12)고 말씀합니다. 얼마나 놀랍고도 경이로운 말씀인가!

이런 예는 선민 이스라엘을 바벨론으로 추방하셨을 때도 나타납니다. 하나님께서는 그들을 바벨론으로 추방을 하시면서, "내가 비록 그들을 멀리 이방인 가운데로 쫓아내어 여러 나라에 흩었으나 그들이 도달한 나라들에서 내가 잠깐 그들에게 성소가 되리라"(겔 11:16) 하십니다. 무슨 뜻인가? 추방당하는 그들을 따라가시겠다는 말씀입니다.

따라가신 하나님은 어떻게 행해주셨는가? 느브갓네살 왕은, "우리가 결박하여 불 가운데에 던진 자는 세 사람이 아니었느냐, 내가 보니 결박되지 아니한 네 사람이 불 가운데로 다니는데 상하지도 아니하였고 그 넷째의 모양은 신들의 아들과 같도다"(단 3:24-25)고 말합니다.

따라가신 하나님은 "왕의 명령을 거역하고 그 하나님 밖에는 다른 신을 섬기지 아니하며 그에게 절하지 아니한 종들을"(단 3:28) 불 가운데서 보호하심으로 타서 사라지지 않게 하셨던 것입니다.

이제 두 번째 주제인, "고센 땅에 살게 되리이다"(34) 한 점을 살펴보아야만 하겠습니다. 결론부터 말씀 드리면, "여호와께서 애굽 사람과 이스라엘 사이를 구별하는 줄을 너희가 알리라"(출 11:7) 하신 구별(區別), 즉 성별을 위해서였던 것입니다. 애굽에 재앙을 내리실 때에도, "고센 땅에는 우박이 없었더라"(출 9:26) 합니다.

앞의 문맥인 34장에는 야곱의 딸 디나가 히위 족속인 세겜에게 성폭행을 당하는 것이 나오는데 이는 야곱이 벧엘로 올라가지를 않고 "세겜"에 머무르려 했기 때문입니다. 또 38장에서는 유다가, "가나안 사람 수아라 하는 자의 딸을 보고 그를 데리고 동침하니"(38:2), 즉 가나안 족속과 합해지고 있는 것을 보게 됩니다. 하나님께서는 선민 이스라엘로 하여금 애굽에 머무르는 동안 섞이지 않도록 "고센 땅"에 거하게 하심으로 구별 된 삶을 살아가도록 하셨던 것입니다.

이 말씀이 우리에게 적용이 되는바가 무엇인가를 생각해보아야 하겠습니다. "내가 너와 함께 애굽으로 내려가겠고" 하신 하나님께서, "임마누엘" 하셔서, "볼지어다 내가 세상 끝 날까지 너희와 항상 함께 있으리라"(마 28:20) 하십니다. 더욱 놀라운 말씀은, "너희와 함께 거하심이요 또 너희 속에 계시겠음이라"(요 14:17) 하신 말씀입니다. 구약시대와 신약시대가 어떻게 다른가?

구약시대는 "너와 함께 내려가겠다" 하셨으나, 신약시대에는 "너희 속에 계시겠음이라", 즉 "너희 몸은 너희가 하나님께로부터 받은바 너희 가운데 계신 성령의 전인 줄을 알지 못하느냐, 주와 합하는 자는 한 영이니라"(고전 6:19, 17)고 말씀하시니 이는 영광스러움의 극치입니다. 형제는 움직이는 "성전"인 것입니다.

그러므로 그리스도인이라는 정체성을 망각하지 말고 "성별된 삶"을 살아야 한다는 것은 우리의 책임입니다. 이것이 "야곱을 애굽으로 보내시는 하나님의 의도"입니다.

어저께나 오늘이나 어느 때든지 영원토록 변함없는 거룩한 말씀
믿고 순종하는 이의 생명 되시며 한량없이 아름다운 기쁜 말일세
어저께나 오늘이나 영원 무궁히 한결같은 주 예수께 찬양합시다
세상 지나고 변할지라도 영원하신 주 예수 찬양합시다.

창세기 50:12-26절 분석도표

주제 : 악을 선으로 바꾸시는 하나님

12-17

12 야곱의 아들들이 아버지가 그들에게 명령한 대로 그를 위해 따라 행하여

13 그를 가나안 땅으로 메어다가 마므레 앞 막벨라 밭 굴에 장사하였으니

이는 아브라함이 헷 족속 에브론에게 밭과 함께 사서 매장지를 삼은 곳이더라

14 요셉이 아버지를 장사한 후에 자기 형제와 호상군과 함께 애굽으로 돌아왔더라

15 요셉의 형제들이 그들의 아버지가 죽었음을 보고 말하되

요셉이 혹시 우리를 미워하여 우리가 그에게 행한 모든 악을 다 갚지나 아니할까 하고

16 요셉에게 말을 전하여 이르되 당신의 아버지가 돌아가시기 전에 명령하여 이르시기를

17 너희는 이같이 요셉에게 이르라 네 형들이 네게 악을 행하였을지라도 이제 바라건대

그들의 허물과 죄를 용서하라 하셨나니 당신 아버지의 하나님의 종들인

우리 죄를 이제 용서하소서 하매

요셉이 그들이 그에게 하는 말을 들을 때에 울었더라

18-21

18 그의 형들이 또 친히 와서 요셉의 앞에 엎드려 이르되 우리는 당신의 종들이니이다

19 요셉이 그들에게 이르되 두려워하지 마소서 내가 하나님을 대신하리이까

20 당신들은 나를 해하려 하였으나 하나님은 그것을 선으로 바꾸사

오늘과 같이 많은 백성의 생명을 구원하게 하시려 하셨나니

21 당신들은 두려워하지 마소서 내가 당신들과 당신들의 자녀를 기르리이다 하고

그들을 간곡한 말로 위로하였더라

22-26

22 요셉이 그의 아버지의 가족과 함께 애굽에 거주하여 백십 세를 살며

23 에브라임의 자손 삼대를 보았으며 므낫세의 아들 마길의 아들들도 요셉의 슬하에서

양육되었더라

24 요셉이 그의 형제들에게 이르되

나는 죽을 것이나 하나님이 당신들을 돌보시고 당신들을 이 땅에서 인도하여 내사

아브라함과 이삭과 야곱에게 맹세하신 땅에 이르게 하시리라 하고

25 요셉이 또 이스라엘 자손에게 맹세시켜 이르기를

하나님이 반드시 당신들을 돌보시리니

당신들은 여기서 내 해골을 메고 올라가겠다 하라 하였더라

26 요셉이 백십 세에 죽으매 그들이 그의 몸에 향 재료를 넣고 애굽에서 입관하였더라

요셉의 눈물 / 생명을 구원하려 / 약속을 믿음

악을 선으로 바꾸시는 하나님

설교 작성노트

본문은 창세기 마지막 장의 말씀인데 중심점은 도표에 표시된 대로, "당신들은 나를 해하려 하였으나 하나님은 그것을 선으로 바꾸사 오늘과 같이 많은 백성의 생명을 구원하게 하시려 하셨나니"(20)한 말씀이다. 이는 요셉에게 국한된 것이 아니라, 창세기 전체를 요약해주는 말씀이요, 나아가 구속사를 한마디로 정의하는 명제와 같은 말씀으로 이를 증언하고자 하는 것이 내용목적이다.

"악을 선으로 바꾸시는 하나님"을 통해서, "우리가 알거니와 하나님을 사랑하는 자 곧 그의 뜻대로 부르심을 입은 자들에게는 모든 것이 합력하여 선을 이루느니라"(롬 8:28)는 점을 확신케 하려는 것이 적용목적이라 하겠다.

본문은 창세기 마지막 장인데 두 가지 점을 주목하게 됩니다. 첫째는 야곱을, "가나안 땅으로 메어다가 마므레 앞 막벨라 밭 굴에 장사하였다 (13), 요셉이 백십 세에 죽으매 그들이 그의 몸에 향 재료를 넣고 애굽에서 입관하였더라"(26) 한 "죽음"입니다.

창세기는, "하나님이 자기 형상 곧 하나님의 형상대로 사람을 창조하시되 남자와 여자를 창조"(1:27)하신 것으로 시작하여, 마지막 장에서 야곱의 장례와, 요셉의 입관으로 끝을 맺고 있다는 점은 무엇을 말씀해주고 있는가? "한 사람으로 말미암아 죄가 세상에 들어오고(3장) 죄로 말미암아 사망이 들어왔다"(롬 5:12)는 점입니다.

둘째로 주목하게 되는 점은, "당신들은 나를 해하려 하였으나 하나님은 그것을 선으로 바꾸사 오늘과 같이 많은 백성의 생명을 구원하게 하시려 하셨다"(20)는 "구원"입니다. 이는 성경은 문제에 대한 해답이요, 하나님은 악을 선으로 바꾸시는 다시 말하면 "사망을, 생명"으로 바꾸시는 구원의 하나님이시라는 점을 말씀해줍니다.

이런 맥락에서 야곱은 임종 머리에서 12아들들에게 축복하는 중에, "규가 유다를 떠나지 아니하며 통치자의 지팡이가 그 발 사이에서 떠나지 아니하기를 실로가 오시기까지 이르리니 그에게 모든 백성이 복종하리로다"(49:10)고, 그리스도가 12지파 중 유다 지파로 오시게 되리라고 예언을 하면서, "여호와여 나는 주의 구원을 기다리나이다"(18)고 고백을 합니다.

그러면서 "내가 내 조상들에게로 돌아가리니 나를 헷 사람 에브론의 밭에 있는 굴에 우리 선조와 함께 장사하라"(29)고 당부합니다. 이점을 신약성경에서는, "이 사람들은 다 믿음을 따라 죽었으며 약속을 받지 못하였으되 그것들을 멀리서 보고 환영하며 또 땅에서는 외국인과 나그네 임을 증언하였으니 그들이 이같이 말하는 것은 자기들이 본향 찾는 자임을 나타냄이라"(히 11:13-14)고 해설해주고 있습니다.

아버지 야곱이 죽자 형제들은 자신들이 요셉에게 행한 모든 악을 다 갚지나 아니할까 두려워하여 요셉에게 아버지가 돌아가시기 전에, "형들이 네게 악을 행하였을지라도 이제 바라건대 그들의 허물과 죄를 용서하라 하셨나니 당신 아버지의 하나님의 종들인 우리 죄를 이제 용서하소서"(16-17) 라고 말합니다.

성경은 요셉이 이 말을 들을 때에 "울었더라"(17) 합니다. 형제는 요셉이 어찌하여 울었다고 여겨지십니까? 요셉은 눈물의 사람이기도 합니다. 요셉의 생애에 울었다는 말이 8번(42:24, 43:30, 45:2, 14, 15, 46:29, 50:10, 17)이나 등장합니다. 그런데 요셉의 눈물은 감상적인 눈물이 아니라 예수 그리스도의 마음을 닮은 눈물이었다는 점을 깨닫게 됩니다.

형들의 진실성을 시험할 때도 울면서(42:24) 합니다. 이것이 사랑하는 자를 징계하시는(히12:6) 주님의 마음입니다. 형들이 자신의 잘못을 인정하면서 회개하고 있다는 점을 확인하고는 방성대곡하는 요셉에게서(45:2), "내가 너희에게 이르노니 이와 같이 죄인 한 사람이 회개하면 하늘에서는 회개할 것 없는 의인 아흔아홉으로 말미암아 기뻐하는 것보다 더하리라"(눅 15:7) 하시는 주님의 모습을 대하는 듯합니다.

본문에서도 요셉이, "그 말을 들었을 때에 울었더라"한 것은, 지난날의 형들의 잘못은 이미 다 용서하고 기억도 하지 않는 자신의 마음을 알아주지를 못하고 믿지를 못하여 이제까지도 죄책감과 두려움에 시달리고 있는 형들이 불쌍하고 안타까웠기 때문일 것입니다.

이는 요셉의 이야기가 아니라 세상 죄를 한 몸에 지시고 단 번에 대속을 하시고, "그들의 죄와 그들의 불법을 내가 다시 기억하지 아니하리라"(히 10:17) 하심을 알지를 못하고 믿지를 못하여 정죄감에 시달리고 있는 우리를 보시는 주님의 마음이라 할 것입니다.

이점을 시편에서는, "동이 서에서 먼 것 같이 우리의 죄과를 우리에게서 멀리 옮기셨다"(시 103:12)고 말씀하고, 이사야서에서는, "내 모든 죄를 주의 등 뒤에 던지셨나이다"(사 38:17)고 말씀하고, 미가서에서는, "주와 같은 신이 어디 있으리이까 주께서는 죄악과 그 기업에 남은 자의 허물을 사유하시며 인애를 기뻐하시므로 진노를 오래 품지 아니하시나이다 다시 우리를 불쌍히 여기셔서 우리의 죄악을 발로 밟으시고 우리의 모든 죄를 깊은 바다에 던지시리이다(미 7:18-19)고 말씀합니다.

그렇습니다. 형들의 모습에서, "그러므로 이제 그리스도 예수 안에 있는 자에게는 결코 정죄함이 없나니"(롬 8:1-2) 한 주님의 구속의 은총을 알지를 못하고 믿지를 못하여 정죄 감에 시달리고 있는 많은 형제들의 모습을 연상하게 됩니다.

그런 형들을 향해서 요셉은, "당신들은 나를 해하려 하였으나 하나님은 그것을 선으로 바꾸사 오늘과 같이 많은 백성의 생명을 구원하게 하시려 하셨나니"(20)라고 말합니다.

㉠ "당신들은 나를 해하려 하였으나",

㉡ "하나님은 그것을 선으로 바꾸사",

㉢ "오늘과 같이 많은 백성의 생명을 구원하게 하시려 하셨나니", 이 말은 창세기 전체를 요약해주는 말씀이요, 나아가 구속사를 한마디로 정의하는 명제와 같은 말씀입니다.

"여자의 후손"에 의하여 멸망당할 것을 선고받은 대적자 사탄은 계속적으로 해하려 하고 죽이려 하고 멸망시키려 한 것이 성경 역사입니다. 그러나 하나님은 그때마다 악을 선으로 바꾸셔서 생명을 구원하시는 역사를 이루어 오신 것이 구속의 역사인 것입니다.

㉠ 사탄은 인류의 시조를 자신의 노예로 만들고 하나님의 영광을 가로채려 했습니다. 그러나 하나님은, "여자의 후손은 네 머리를 상하게 할 것이요" 하고, 원복음을 선언하심으로 악을 선으로 바꿔버리셨습니다.

㉡ 가인으로 아벨을 죽이게 함으로 "여자의 후손"의 줄기를 끊으려 하였으나, 그러나 하나님은 "다른 씨"를 주심으로 악을 선으로 바꿔주셨습니다.

㉢ 노아 때에 이르러서는 죄악이 세상에 가득하여 하나님의 구원계획이 무산되는 듯하였으나, 그러나 하나님은 "여덟 명"이라는 의의 상속자(相續者)를 보존하심으로 악을 선으로 바꾸셨습니다.

㉣ 홍수심판 후에도 배은망덕한 인간들은 바벨탑을 쌓는 것으로 반

역을 하였으나, 그러나 하나님께서는 아브라함을 택하셔서 메시아언약을 세워주심으로 악을 선으로 바꿔주셨던 것입니다.

㉤ 악을 선으로 바꾸신 절정이 무엇인지 아십니까? 십자가 사건입니다. 사탄은 "이는 상속자니 자 죽이고 그의 유산을 차지하자"(마 21:38) 했으나, 하나님은 이를 통해서 "오늘과 같이 많은 백성의 생명을 구원하게"(20) 뒤집어버리신 것입니다.

"많은 백성의 생명을 구원하게"라는 주제를 구속사라는 맥락으로 살펴보면 인류의 시조에게, "생육하고 번성하여 땅에 충만하라"(1:28)고 복을 주셨던 하나님은 또 다시 홍수심판 후에, "생육하고 번성하여 땅에 충만하라"(9:1)고 복을 주십니다.

그러나 인류는 바벨탑 사건으로 반역을 했습니다. 그러나 하나님은 구원계획을 포기하거나 중단하심이 없이 아브라함에게, "내가 네게 큰 복을 주고 네 씨로 크게 성하여 하늘의 별과 같고 바닷가의 모래와 같게 하리니"(22:17) 하신 메시아언약을 세워주셨던 것입니다. 그리고 언약하신 대로, "한 알의 밀이 땅에 떨어져 죽으므로 많은 열매를 맺게"(요 12:24) 하심으로 "많은 백성의 생명을 구원하게" 하셨던 것입니다.

본문이 우리에게 적용되는 바가 무엇인가? 두 가지를 들고자 합니다. ㉠ 첫째는 "당신들이 나를 이곳에 팔았으므로 근심하지 마소서 한탄하지 마소서, 그런즉 나를 이리로 보낸 자는 당신들이 아니요 하나님이시라"(45:5-8)는 하나님의 주권적인 섭리를 믿는 신앙입니다.

파란만장한 생애 중에서도 요셉의 한 마디의 원망이나 불평을 찾아

볼 수 없는 것은 그가 역경 속에서도 하나님의 주권적인 섭리를 믿었기 때문입니다. "아브라함, 이삭, 야곱에게는 몇 번이나 나타내시고 말씀하셨던 하나님은 요셉에게는 단 한 번도 나타나 말씀하셨다는 기록이 없습니다. 그럼에도 불구하고 요셉은 단 한 번도 하나님께서 자신과 함께 하신다는 점을 의심하는 모습을 찾아볼 수가 없는 것입니다.

그러므로 내가 지금 왜 이런 고난을 당하는지 그 이유를 알 수 없다 하여도, "또 미리 정하신 그들을 또한 부르시고 부르신 그들을 또한 의롭다 하시고 의롭다 하신 그들을 또한 영화롭게 하시기로" 작정하신 자들, "곧 그의 뜻대로 부르심을 입은 자들에게는 모든 것이 합력하여 선을 이루신다"(롬 8:30, 28)는 점을 확신할 수가 있는 것입니다. 이를 믿는 자는 어떤 경우에도 하나님을 원망하거나 불평하지를 않게 되는 것입니다.

이를 확신하기에 사도 바울은, "우리가 알거니와 하나님을 사랑하는 자 곧 그의 뜻대로 부르심을 입은 자들에게는 모든 것이 합력하여 선을 이루느니라"(롬8:28)고 담대히 외쳤던 것입니다.

ⓒ 둘째는 "내가 하나님을 대신 하리이까"(19) 한 말인데 이 한마디 고백 속에 요셉이 어떻게 살다가 어떻게 죽었는가 하는 신앙관, 인생관이 분명하게 나타나 있습니다. "내가 하나님을 대신(代身)하리이까?", 즉 내가 하나님의 주권적인 섭리를 거역할 수가 있단 말이요? 내가 보복을 함으로 하나님 노릇을 할 수가 있단 말이요? 그것은 하나님의 주권을 침해하는 일이라 불가하다는 말입니다. 그럼에도 불구하고 현대교회 내에는 하나님을 대신 하려는 사람들이 얼마나 많은 것입니까?

요셉이, "하나님이 당신들을 돌보시고 당신들을 이 땅에서 인도하여 내사 아브라함과 이삭과 야곱에게 맹세하신 땅에 이르게 하시리라, 당신들은 여기서 내 해골을 메고 올라가겠다 하라"(24-25)고 유언을 한 것은 하나님의 약속을 믿고 죽었다는 증거요, 하나님은 약속하신 대로 그들을 출애굽을 시키셔서 약속의 땅으로 인도하셨던 것입니다. 이것이 "악을 선으로 바꾸시는 하나님"입니다.

내 인생 여정 끝내어 강 건너 언덕 이를 때
하늘문 향해 말하리 예수 인도 하셨네
매일 발걸음마다 예수 인도하셨네
나의 무거운 죄짐을 모두 벗고 하는 말
예수 인도하셨네

Gustave Dore <Joseph Reveals Himself to His Brothers>

창세기 1:26-31절 분석도표

주제 : 창세기 한 번에 설교하기

<table>
<tr><td rowspan="2">하나님의 형상</td><td>26-27</td></tr>
<tr><td>

26 하나님이 이르시되

우리의 형상을 따라

우리의 모양대로 우리가 사람을 만들고

그들로 바다의 물고기와 하늘의 새와 가축과
온 땅과 땅에 기는 모든 것을

다스리게 하자 하시고

27 하나님이 자기 형상 곧 하나님의 형상대로
사람을 창조하시되 남자와 여자를 창조하시고

</td></tr>
<tr><td rowspan="2">다스리라</td><td>28-31</td></tr>
<tr><td>

28 하나님이 그들에게 복을 주시며 하나님이 그들에게 이르시되

생육하고 번성하여 땅에 충만하라,
땅을 정복하라,
생물을 다스리라 하시니라

바다의 물고기와 하늘의 새와 땅에 움직이는 모든

29 하나님이 이르시되 내가 온 지면의 씨 맺는 모든 채소와 씨 가진 열매 맺는
모든 나무를 너희에게 주노니 너희의 먹을 거리가 되리라

30 또 땅의 모든 짐승과 하늘의 모든 새와 생명이 있어 땅에 기는 모든 것에게는
내가 모든 푸른 풀을 먹을 거리로 주노라 하시니 그대로 되니라

31 **하나님이 지으신 그 모든 것을 보시니 보시기에 심히 좋았더라**

저녁이 되고 아침이 되니 이는 여섯째 날이니라

</td></tr>
</table>

창세기 한 번에 설교하기

설교 작성노트

신앙생활에서 가장 중요하고 어려운 것은, "하나님의 선하시고 기뻐하시고 온전하신 뜻이 무엇인지 분별하도록 하라"(롬 12:2) 한, 하나님의 뜻을 분별하는 일이라 하겠다. 분별한 후에는 그 뜻 받들기를 힘쓰는 것 또한 어려운 일이다.

그러면 하나님께서, "창세기", 즉 천지 만물을 창조하신 의도가 무엇인가를 증언하려는 것이 본 설교의 내용목적이요, 기대하시는 바가 무엇인가 하는 점이 적용목적이라 할 것이다. 하나님이 기대하시는 바는 한마디로, "하나님이 지으신 그 모든 것을 보시니 보시기에 심히 좋았더라"인 것이다. 하나님께서 현대교회를 보실 때에도 "보시기에 심히 좋았더라"가 되어야 마땅하리라.

강론

　창세기를 성경의 못자리라고 말하는데, 창세기에는 모든 성경의 기초와 시작이 수록되어 있기 때문입니다. 그러므로 창세기를 모르거나 바로 파악하지 못한다면 나머지 성경의 연관성과 점진성(漸進性)을 이해할 수가 없게 됩니다. 창세기를 이해하기 위해서 3가지 질문을 제기함이 도움이 됩니다.

　① 첫째 물음은, 하나님은 태초에 무엇을 행해주셨는가 하는 점입니다.

　천지 만물을 창조해주셨습니다. 그것은 맨 마지막으로 지으신 사람이 살아 갈 환경을 조성해주기 위해서였습니다. 하나님은 사람을 지으시되 자기 형상대로 지으셨습니다. 이렇게 하신 것은 그들을 교제(交際)의 대상으로 지으셨음을 의미합니다.

　그리하여 하나님을 대리(代理)하여 만물을 다스리게 하시고, 만물을 대표(代表)해서 하나님을 섬기게 하셨는데 이는, "왕 같은 제사장" 직분이었던 것입니다. 이 사명을 감당하게 하기 위해서 아담에게 돕는 배필을 지어주신 것은 팀 사역을 하게 하신 셈입니다. 이것이 1-2장의 내용입니다. "하나님이 보시기에 심히 좋았더라"(1:31)고 말씀합니다. 하나님의 나라가 건설이 된 것입니다.

　이점에서 주목하게 되는 것은 사람을 창조하신 후에, "하나님이 그들에게 복을 주시며 하나님이 그들에게 이르시되 생육하고 번성하여 땅에 충만하라, 땅을 정복하라, 바다의 물고기와 하늘의 새와 땅에 움직이는 모든 생물을 다스리라"(28) 하신 사명을 주셨다는 점입니다.

이는 창세기, 나아가 하나님의 구원계획 전반을 이해하는데 중요한 정보를 제공해주는 명령이요, 현대교회에도 적실성이 있는 명령이기 때문에 자세히 살펴보아야만 합니다. 3마디로 되어 있는데,

㉠ 첫째로, "생육하고 번성하여 땅에 충만하라"는 명령입니다. 최초에 하나님의 형상대로 지음을 받은 자는 두 사람뿐입니다. 하나님은 자기 백성들이 번성하여 충만하게 되기를 원하시는 것입니다.

㉡ 둘째는, "땅을 정복하라"는 명령입니다. 이를 구속사라는 관점으로 보게 되면 어떤 의미가 되는가? 하나님의 나라가 확장되어 나가기를 원하신다는 점을 나타냅니다.

이점에서 하나님의 주재(主宰)하심과, 하나님의 통치(統治)하심의 구분을 인식해야만 합니다. 하나님은, "천지와 바다와 그 가운데 만물을 지으신" 대주재자(행 4:24)이심이 분명합니다. 그런데 "통치"(統治)라는 개념은 하나님의 형상대로 지음을 받은 인격체(人格體), 즉 사람과 결부되는 개념인 것입니다. 하나님은 "바다의 물고기와 하늘의 새와 땅에 움직이는 모든 생물"의 주재자이시나, 사람은 통치의 대상으로 창조하신 것입니다.

그러면 첫 창조 때 하나님의 통치 영역은 어딘가? "지으신 사람을 거기 두시니라"(2:8) 한 에덴동산이었습니다. 밖은 주관을 하시지만 통치의 대상인 인격체가 없는 영역이었던 것입니다. 이런 맥락에서 "땅을 정복하라" 하심은 생육하고 번성하여 하나님의 통치 영역이 확장되기를 원하신다는 점을 나타냅니다.

ⓒ 셋째는, "모든 생물을 다스리라"는 명령입니다. "다스린다"는 것은 왕적인 권세를 의미하는데, 태초에 인간은 하나님을 대리하여 만물을 다스리는 "왕"적인 사명과, 만물을 대표하여 하나님을 섬기는 "제사장", 즉 "왕 같은 제사장"으로 세움을 받았다는 점을 명심해야만 합니다.

② 그런데 둘째 물음은 인간은 어떻게 보답했는가 하는 점입니다.

"네가 먹는 날에는 반드시 죽으리라" 하신 금령을 범하고 말았습니다. 이는 "먹었다"는 단순한 문제가 아니라 하나님의 통치를 거부했다는 점을 나타냅니다. "죄가 들어오고, 사망이 들어오고, 저주"가 임하게 함으로 "하나님이 보시기에 심히 좋았더라" 한, 하나님의 나라가 파괴가 된 것입니다. 그리하여 "생육하고 번성하라" 하신 것이 죄악으로 가득하게 됨으로 홍수심판을 유발하고, 그 후에도 바벨탑을 쌓는 배은망덕으로 보답했던 것입니다. 이것이 3-11장의 내용입니다.

③ 세 번째 물음은, 그럼에도 불구하고 하나님은 또 어떻게 행해주셨는가 하는 점입니다. 성경은 문제에 대한 해답입니다.

"여자의 후손은 네 머리를 상하게 할 것이요"(3:15), 즉 그리스도를 보내셔서 사탄을 정복하게 하시고 인류를 구원하여주시겠다는, 원복음을 선언하셨습니다. 그리고 아브라함에게 "네 씨로 말미암아 천하 만민이 복을 받으리라"(22:18)고, 여자의 후손을 아브라함의 자손으로 보내주시겠다는 메시아 언약을 세워주셨습니다. 그리고 이 언약을 아브라함, 이삭, 야곱에게 계승시켜주셨습니다.

문제에 대한 해답은, "여자의 후손"으로 계시된 그리스도인 것입니다. 그러면 여자의 후손의 어떤 방도에 의해서 천하 만민이 구원의 복을 받게 되는가? 아벨이 "양의 첫 새끼"로 드렸더니 "아벨과 그의 제물을 받으셨다"(4:4)한 대속제물이 되심으로 가능해진다는 것입니다. 이점이 "네 아들 네 사랑하는 독자 이삭"을 번제로 드리라(22:2)하신 예표에 분명히 나타납니다. 이것이 12-50장의 내용입니다.

이를 요약을 하면 1장-11장 안에는, 천지창조, 인간의 타락, 노아 홍수, 바벨탑 사건 등 4대 사건이 기록되어 있고, 12장-50장 안에는 아브라함을 택하셔서 메시아언약을 세워주시는 것으로 시작하여 아브라함, 이삭, 야곱, 요셉 등 4대 족장의 이야기가 기록되어 있습니다.

창세기는 요셉을 입관(入棺)하는 것으로 끝이 납니다. 한 사람으로 말미암아 세상에 죄가 들어오고 죄로 말미암아 사망이 왔나니"(롬 5:12) 하신대로 아담도 죽었고 노아도, 아브라함도, 이삭도, 야곱도, 요셉도 죽었습니다. 그러나 그들은 "나는 죽으나 하나님이 너희를 권고하시고 너희를 이 땅에서 인도하여 내사 아브라함과 이삭과 야곱에게 맹세하신 땅에 이르게 하시리라"(50:24)고 하나님의 약속(約束)을 자손들에게 계승시켜 주었던 것입니다.

이점을 신약성경에서는, "이 사람들은 다 믿음을 따라 죽었으며 약속을 받지 못하으되 그것들을 멀리서 보고 환영하며 또 땅에서는 외국인과 나그네임을 증언"(히11:13)했노라고 해설해주고 있습니다. 그들은 약속을 받지 못하고 죽었으나 우리는 그 약속이 성취(成就)된 이후의 시대를 살아가고 있으면서 창세기를 상고하고 있습니다.

그러면 창세기가 우리에게 적용이 되는 바가 무엇입니까? ㉠ 첫째는 하나님의 통치에 순복하는 일입니다. 신약성경에서는 계시록 19장에서 비로소 "할렐루야"가 울려 퍼지는데 "할렐루야"가 "우리 하나님 곧 전능하신 이가 통치하시도다"(계 19:6) 하는 "통치"와 결부가 되어 있다는 점을 명심해야만 합니다. "영광을 받으시옵소서"는 입으로만이 아니라 통치에 순복할 때 이루어지는 것입니다.

그런데 주님은, "너희는 나를 불러 주여 주여 하면서도 어찌하여 내가 말하는 것을 행하지 아니하느냐"(눅 6:46), 즉 통치에 순복하지 않느냐 하십니다. 라오디게아 교회를 향해서, "내가 문 밖에 서서 두드리노니 누구든지 내 음성을 듣고 문을 열면 내가 그에게로 들어가 그와 더불어 먹고 그는 나와 더불어 먹으리라"(계 3:20) 하심은 무엇을 의미하는가? 주님의 다스림을 받지 않고 있다는 점을 나타냅니다.

ⓛ 둘째는, 복음을 전파하여 "생육하고 번성하여 땅에 충만하게" 하는 사명입니다. 한마디로 "하나님 보시기에 심히 좋았더라" 하실 교회, 가정, 성도가 되어야 하겠습니다.

이제 우리에게도 하나 남은 약속이 있습니다. 그것은 "내가 너희를 위하여 처소를 예비하러 가노니 가서 너희를 위하여 처소를 예비하면 내가 다시 와서 너희를 내게로 접하여 나 있는 곳에 너희도 있게 하리라"(요 14:2-3) 하신 재림의 약속입니다.

지금까지 언약하신 바를 지켜주신 신실하신 하나님이 하나 남은 약속도 지켜주심으로 "내가--- 하리라"(3:15)고 시작하신 바를 "이루었도다 나는 알파와 오메가요 처음과 나중이라"(계 21:6)고 완성(完成)하실 것을 확신할 수가 있는 것입니다. 천지 만물을 창조하여 주신 선하신 하나님, 언약하신 바를 이루시는 신실하신 하나님을 찬양하십시다.

전능 왕 오셔서 주 이름 찬송케 하옵소서

영광과 권능의 성부여 오셔서 우리를 다스려 주옵소서

성 삼위 일체께 한없는 찬송을 드립니다

존귀한 주님을 영광 중 뵈옵고 영원히 모시게 하옵소서